나는
월급쟁이 직장인에서
꼬마빌딩
4채의
건물주가 되었다

나는 월급쟁이 직장인에서 꼬마빌딩 4채의 건물주가 되었다

초판 1쇄 발행 2024년 11월 29일

지은이 최윤미 **펴낸이** 이성용 **책디자인** 책돼지
펴낸곳 빈티지하우스 **주소** 서울시 마포구 성산로 154 4층 407호(성산동, 중영빌딩)
전화 02-355-2696 **팩스** 02-6442-2696 **이메일** vintagehouse_book@naver.com
등록 제 2017-000161호 (2017년 6월 15일) **ISBN** 979-11-89249-94-6 13320

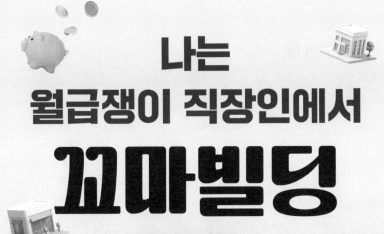

나는 월급쟁이 직장인에서 꼬마빌딩 4채의 건물주가 되었다

꼬마빌딩 투자 노하우 A to Z

최윤미 지음

빈티지하우스
VINTAGE HOUSE

지은이의 말

월급쟁이에서 건물주로, 꿈이 현실이 되다

사람들은 건물주라고 하면 일반인과는 다른 뭔가 특별한 사람이라
고 생각합니다. 그래서인지 "조물주 위에 건물주"라는 말이 나올
정도로 건물주는 많은 이들의 꿈입니다. 요즘은 청소년들의 장래
희망 순위에서도 건물주가 상위를 차지하고 있을 정도죠.

저 역시 한때 막연히 '건물주가 되었으면 좋겠다'는 생각만 했습니
다. 금수저도 아니고 그저 평범한 직장인이었던 제가 건물주가 될
수 있을 거라 상상조차 하지 못 했습니다. 그런데 지금, 저는 꼬마
빌딩 4채를 보유한 건물주가 되었습니다. 로또에 당첨된 것도, 사

업으로 큰돈을 번 것도 아닙니다. 저희는 주변에서 쉽게 볼 수 있는 평범한 맞벌이 부부입니다. 그저 남들보다 조금 더 절약하고, 부동산 투자에 대해 꾸준히 공부하고 차근차근 실행에 옮긴 것이 결국 꿈에 그리던 건물주가 될 수 있었던 바탕이 되었습니다.

언젠가부터 "개천에서 용이 나지 않는다"는 말이 마치 당연한 듯 세상에 퍼졌습니다. 수저론이 우리 사회의 현실을 대변하듯, 부는 대물림되고 평범한 직장인은 절대 부자가 될 수 없다고들 하죠. 하지만 저는 열심히 노력한 사람에게는 반드시 기회가 온다고 믿습니다. 평생 동안 몇 번의 기회는 누구에게나 찾아오며, 그 기회는 준비된 사람만이 잡을 수 있다고 생각합니다.

부모님께 물려받은 재산도 없었고, 특별히 높은 연봉을 받았던 것도 아니었던 저희 부부가 건물주가 될 수 있었던 것은 오직 끊임없는 노력 덕분이었습니다. 오히려 금수저가 아니었기에 더 간절하게 '어떻게 해야 성공할 수 있을까?'를 고민했고, 그만큼 더 치열하게 노력할 수 있었습니다. 물론 그 과정에서 실패도 있었습니다. 하지만 그 실패들이 오히려 더 큰 성공을 위한 디딤돌이 되었습니다.

성공과 실패의 경험들이 하나씩 쌓여 결국 다음 성공을 이끄는 발판이 되어 주었죠.

이 책은 평범한 맞벌이 부부였던 저희가 수도권 전세 생활에서 시작해, 꼬마빌딩 4채의 건물주가 되기까지의 여정을 담고 있습니다. 처음에는 아무런 자산도 없었지만, 저처럼 건물주를 꿈꾸는 여러분께 희망을 전하고, 부동산 투자의 실질적인 노하우를 나누고 싶습니다.

저는 지금도 더 나은 내일을 위해 매일 한 걸음씩 나아가고 있습니다. 그래서 오늘보다 내일이 더욱 기대되고, 그만큼 더 나은 미래를 만들어갈 수 있다고 믿습니다. 이 책이 여러분의 앞길을 밝히는 작은 등불이 되기를 바랍니다.

차례

프롤로그

고금리의 벽을 넘어, 지금 건물을 사야 하는 이유

저는 현재 꼬마빌딩 투자 경험을 바탕으로 강의와 컨설팅을 진행하고 있습니다. 강의와 컨설팅을 할 때 수강생으로부터 많은 질문을 받는데, 최근 가장 많이 듣는 질문은 이렇습니다.

"요즘처럼 고금리 시대에 대출까지 받아서 꼬마빌딩을 사는 게 정말 맞을까요?"

이 질문에 대한 저의 대답은 "Yes!"입니다. 고금리 시대일수록 반드시 자산에 투자해야 한다고 생각하며, 지금이야말로 꼬마빌딩에 투자해야 할 최적의 시기라고 확신합니다.

그 이유는 크게 두 가지가 있습니다. 지금부터 그 이유를 하나씩 자세히 설명해 드리겠습니다.

인플레이션 헷지 효과

> **인플레이션(Inflation):** 시간이 지남에 따라 경제에서 상품과 서비스의 일반적인 가격 수준이 지속적으로 증가하는 것.
>
> **헷지(Hedge):** 부동산, 주식, 금 등 다른 자산에 대한 투자를 통해 보유하고 있는 위험 자산의 가격변동을 제거하는 것.

인플레이션이 발생하면 시간이 지날수록 같은 상품과 서비스를 구매하는 데 더 많은 돈이 필요해지며, 이로 인해 돈의 구매력이 감소하게 됩니다. 즉, 물가가 상승할수록 화폐의 가치는 하락하는 것이죠. 이러한 인플레이션에 대응하기 위해서는 자산 투자가 필수적입니다. 이를 '인플레이션 헷지Inflation Hedge'라고 합니다.

대표적인 인플레이션 헷지 수단으로는 부동산, 주식, 금 등이 있으며, 특히 요즘처럼 전 세계적으로 인플레이션이 유행하는 상황에서는 자산 투자를 통해 이 효과를 누리는 것이 중요합니다. 그중에서도 상업용 부동산, 특히 꼬마빌딩 투자를 추천하는 이유는 인플레이션에 따른 임대소득의 증가와 부동산 가치 상승을 동시에 기대할 수 있기 때문입니다.

수익률의 법칙에 의한 자산가격 상승

> **수익률:** 자본으로 발생시키는 수익의 비율.
>
> **수익 ÷ 자산의 가격 = 수익률**

부동산 시장에서 수익률이란, '얼마의 자산으로 얼마의 수익을 얻을 수 있는가'를 의미합니다. 예를 들어, 1억 원의 자산으로 연간 600만 원의 수익을 얻는다면, 수익률은 6퍼센트입니다. 즉, 수익을 자산 가격으로 나눈 값이 수익률이 되는 것입니다.

부동산 시장은 수익률과 매우 밀접한 관계에 있습니다. 최근 고금리 기조 속에서 많은 사람들이 "이자가 두 배나 올랐는데, 지금이 정말 꼬마빌딩 투자의 적기인가요?"라고 질문하곤 합니다. 이 질문에 답하기 전에, 우리는 먼저 수익률의 법칙을 이해할 필요가 있습니다. 수익률이 자산가치를 어떻게 결정하는지를 알면, 고금리 시대에 꼬마빌딩 투자가 왜 유리한지 분명히 알 수 있습니다.

그 이해를 돕기 위해, 최근 유행한 '파이어족FIRE'의 자산 계산법을 예로 들어보겠습니다.

파이어족은 Financial Independence, Retire Early의 약자로, 경제적 독립을 통해 조기 은퇴를 꿈꾸는 사람들을 뜻합니다. 그렇다면 연봉 6,000만 원을 받는 직장인이 파이어족이 되기 위해서는 얼마의 자산이 필요할까요? 파이어족이 되기 위해서는 자산 소득이 근로 소득을 대체할 수 있어야 합니다. 세금과 인플레이션 효과는 배제하고, 간단하게 근로 소득을 자산으로 환산해보겠습니다.

월급 500만 원(연봉 6,000만 원)을 대체할 자산 소득을 얻으려면, 수익률 3퍼센트일 때는 20억 원, 수익률 6퍼센트일 때는 10억 원의 자산이 필요합니다.

- 6,000만 원 ÷ 3퍼센트 = 20억 원
- 6,000만 원 ÷ 6퍼센트 = 10억 원

여기서 우리는 월급을 대체하려면 상당한 자산이 필요하다는 사실을 알 수 있습니다. 매달 월급날에 받는 금액이 적게 느껴질 수 있지만, 그 금액을 자산으로 환산해보면 엄청난 금액이 필요하다는 것을 깨닫게 됩니다.

또한 매달 같은 500만 원을 받더라도, 수익률에 따라 필요한 자산의 규모가 두 배 가까이 차이 날 수 있습니다. 예를 들어, 수익률이 3퍼센트일 때는 20억 원이 필요하지만, 수익률이 6퍼센트일 때는 필요한 자산이 10억 원으로 크게 줄어듭니다.

고금리 시대에 꼬마빌딩 투자에
나서야 하는 이유는 무엇일까?

이번에는 수익률의 차이에 따라 자산가치가 어떻게 달라지는지 살펴보겠습니다. 기본적으로 수익률은 기준금리에 따라 변동되며, 시장에서는 기준금리에 맞춰 수익률이 조정됩니다. 그렇다면 수익률이 달라질 때 자산의 가치는 어떻게 변할까요?

- 6,000만 원 ÷ 1퍼센트 = 60억 원
- 6,000만 원 ÷ 2퍼센트 = 30억 원

- 6,000만 원 ÷ 3퍼센트 = 20억 원

- 6,000만 원 ÷ 4퍼센트 = 15억 원

이처럼 수익률이 높아질수록 동일한 소득을 얻기 위해 필요한 자산은 줄어듭니다. 반대로 수익률이 낮아지면 더 많은 자산이 필요하며, 그 차이는 점점 더 커집니다. 예를 들어, 3퍼센트와 4퍼센트의 수익률 차이는 자산 금액에서 5억 원의 차이를 만들지만, 1퍼센트와 2퍼센트의 차이는 무려 30억 원이나 됩니다.

즉, 금리가 상승하면 수익률이 올라가고 상업용 부동산의 가치는 하락하며, 반대로 금리가 하락하면 수익률이 낮아지고 부동산의 가치는 상승합니다.

- **기준금리 상승 → 수익률 상승 → 상업용 부동산 가치 하락**

- **기준금리 하락 → 수익률 하락 → 상업용 부동산 가치 상승**

결국 동일한 자산 소득을 얻으려면 고금리 시대보다 저금리 시대에 더 많은 자산이 필요합니다. 저금리 시대에는 자산가치가 상승하고, 고금리 시대에는 자산가치가 하락하기 때문입니다. 이 점은 우리가 뉴스에서 궁금해하던 "왜 강남 건물주들이 공실이 발생해도 임대료를 내리지 않을까?"라는 질문과도 연결됩니다.

건물주들이 임대료를 1퍼센트만 낮추더라도, 건물 전체의 가치는 크게 떨어지기 때문입니다. 예를 들어, 수익률이 1퍼센트만 차이나도 수익률에 따라 자산가치가 10억 원 이상 차이 날 수 있습니다. 그래서 건물주들은 임대료를 최대한 유지하려는 경향이 강합니다. 차라리 '렌트 프리Rent Free'라고 불리는 무상임대 기간을 제공하거나, 임차인을 기다리는 공실을 유지하면서도 수익률을 낮추지 않으려 하는 것이죠. 수익률이 조금만 변해도 전체 자산가치에 미치는 영향이 크기 때문에 이는 매우 중요한 전략입니다.

이처럼 수익률의 법칙은 부동산 투자에서 절대 간과할 수 없는 요소입니다. 특히, 고금리 시대에는 상업용 부동산의 가치가 하락할 때 매수하는 것이 유리합니다. 이때는 자산가치를 낮은 가격에 살 수 있기 때문이죠. 반면, 저금리 시대에는 수익률이 낮아지면서 자산가치가 상승하는데, 이때 자산을 매도하면 큰 차익을 얻을 수 있습니다.

따라서 지금과 같은 고금리 시대는 인플레이션 헷지 효과와 수익률 법칙을 최대한 활용하여 상업용 부동산, 특히 꼬마빌딩에 투자하기에 최적의 시기입니다. 고금리로 인해 일시적으로 자산가치는 낮아져 있지만, 저금리 시대로 돌아갈 때 수익률이 하락하면서 자산가치는 다시 상승할 것이기 때문입니다.

1장

나는 평범한 직장인에서 꼬마빌딩 4채의 건물주가 되었다

맞벌이 신혼부부, 부동산 투자로
1억 5천만 원을 손해보다

2009년, 서울에 사는 남자와 여자가 결혼했습니다. 지금이야 맞벌이가 흔하지만, 당시만 해도 외벌이가 일반적이었습니다. 제 주변에도 결혼 후 직장생활을 잠시 하다 임신을 계기로 퇴사하고 살림을 하던 사람들이 많았습니다. 저 또한 결혼하면 잠깐 직장생활을 하다 결국 살림에 집중하게 될 거라고 생각했었죠. 하지만 현실은 달랐습니다. 임신과 출산 후에도 저는 여전히 직장에 다니고 있었습니다.

30대 초반에 이직한 스위스계 회사는 직원 교육과 복지가 매우 좋은 곳이었습니다. 새로운 환경과 업무에 만족했던 저는 결혼 전 생각과는 달리 직장 생활에 더욱 열정을 쏟게 되었습니다. 그러나 문제는 출퇴근 시간이었습니다. 신혼집이 있던 용인에서 직장이 있는 강남까지의 출퇴근에 하루 평균 3~4시간을 소요하다 보니, 점점 피로가 쌓였습니다. 출퇴근에만 이렇게 많은 시간을 허비하는 것이 지치고 비효율적으로 느껴졌습니다. 그러다 보니 어느 순간부터 출퇴근 시간이 2시간 이내로 줄어들면 좋겠다는 생각이 들었고, 자연스럽게 부동산에 관심을 갖게 되었습니다.

그러던 2009년 어느 주말, 집에서 뉴스를 보다가 아파트 미분양 소식을 접하게 되었습니다. 인천 쪽의 아파트였고, 저희 부부의 생활권과는 다소 거리가 있었지만, 드라이브도 할 겸 모델하우스를 구경하기로 했습니다.

그날이 제 인생 첫 모델하우스 방문이었습니다. 모델하우스는 정말 멋져 보였죠. 지금은 모델하우스의 연출 방식을 잘 알고 있지만, 그때는 정말 천국 같았습니다. 가구나 인테리어 하나하나가 마음에 쏙 들었고, 어쩜 그렇게 모든 것을 예쁘게 꾸며놓았는지 당장이라도 입주하고 싶을 정도였습니다.

이렇게 아무것도 모르는 부린이 신혼부부를 모델하우스 직원들이 놓칠 리 없겠죠. 그들은 저희 부부를 보고 그야말로 '누워서 떡 먹기'라고 생각했을 겁니다. 저희를 보자마자 분양사 직원들은 곧바로 밀착 마크를 시작하며, 아파트의 장점들을 줄줄이 늘어놓기 시작했습니다. 인테리어 자재, 교통 편의성, 주변 인프라 등등 아파트의 미래가 얼마나 밝은지 온갖 핑크빛 전망을 제시했죠. 곧 경인선이 들어올 예정이고, 인근 대학병원도 증축에 들어가면 이 지역의 수요는 더욱 많아질 거라고 했습니다.

수많은 호재 중에서도 교통과 대학병원 증축은 저희에게 매력적으로 다가왔습니다. 비록 부린이였지만, 부동산 선택 시 교통, 학군, 병원, 백화점 등 인프라가 중요하다는 이야기는 들어봤으니까요. 당시에는 그런 호재들 뒤에 숨겨진 리스크를 보는 눈이 없었기 때문에, 모든 이야기가 그저 좋게만 들렸습니다.
게다가 단돈 100만 원만 있으면 계약이 가능하고, 중도금은 무이자 대출로 해결해준다고 하니, 잔금은 전세금으로 충당하면 된다는 설명에 이미 상상만으로 행복해졌습니다.

당시 저희 부부는 신혼집 전세금을 영끌해 마련한 것 외에는 여유 자금이 전혀 없었습니다. 그럼에도 분양사 직원의 "100만 원이면 계약이 가능하다"는 말만 믿고 덜컥 계약을 해버렸습니다. 계약서를 쓰고 돌아오는 길은 너무 행복했습니다. '우리도 드디어 신축 아파트를 갖게 되는구나'라는 생각에 기쁨을 감출 수 없었고, 그날 저희 부부는 작은 축배까지 들었습니다.

그러나 저희가 아파트를 계약한 2009년부터 2013년까지의 부동산 시장은 계속해서 하락세를 이어갔습니다. 돌이켜보면, 저희가 분양받은 아파트가 준공되었던 시기는 부동산 경기의 최저점이었습니다. 시장이 얼어붙으니, 입지가 좋지 않았던 저희 아파트는 월세 놓기도 어려웠습니다. 신축 아파트임에도 불구하고 수요가 부족했고, 예상했던 월세보다 훨씬 낮은 금액에 간신히 계약할 수 있었습니다.

중도금은 무이자 대출로 해결해서 큰 문제가 없었지만, 잔금 시점에는 월세 보증금과 그동안 맞벌이로 모아둔 돈을 모두 끌어모아 겨우 잔금을 치를 수 있었습니다. 입주 후에도 모델하우스에서 들었던 수많은 호재들은 전혀 실감할 수 없었고, 마치 말뿐인 호재에

속았다는 기분이 들었습니다.

그렇게 시간이 흘러, 2013년을 기점으로 부동산 시장이 바닥을 찍고 서서히 오르기 시작했습니다. 언론에서는 부동산 시장이 심상치 않다며, 하루가 다르게 집값이 급등하고 있다는 뉴스가 쏟아져 나왔죠. 그러나 저희 아파트의 시세는 여전히 분양가를 밑돌았고, 분양가 근처에도 가지 못한 채 답보 상태에 머물러 있었습니다.

무엇이 문제였을까요?
부동산 하락기 동안에는 모든 집값이 떨어지니 크게 신경 쓰지 않았습니다. 그러나 시장이 반등하고 다른 집들이 다 오르는 와중에도 우리 아파트만 제자리걸음을 하자, 점점 불안해지기 시작했습니다.
결국 '이대로 손 놓고 있을 순 없겠다'는 생각에 부동산 공부를 시작했습니다. 수많은 부동산 서적을 읽고, 강의를 듣고, 유튜브를 보며 가능한 모든 부동산 관련 정보를 찾아보았습니다. 그러면서 비로소 깨달았습니다. 우리가 분양받은 아파트는 왜 오르지 않는지…….

그때서야 공부가 얼마나 중요한지 절실히 알게 되었습니다. 분양사 직원의 말만 믿고 계약했을 때는 그 아파트가 그저 좋아 보였지만, 막상 공부를 해보니 문제점이 한두 가지가 아니었습니다. 다른 아파트들이 상승하는 와중에도 우리 아파트는 오르지 못한 이유가 분명히 있었던 것이죠.

모두가 성공한 상승장, 나는 왜 실패했을까?

부동산 시장은 2013년 바닥을 찍고, 2015년부터 점차 활기를 찾기 시작했습니다. 전국적으로 하락했던 집값이 강남 3구를 시작으로 서서히 꿈틀거리기 시작했죠. 전국적으로 부동산 경기가 반등을 시작했지만, 우리 집은 그때까지도 분양가 대비 1억 5천만 원 마이너스를 기록하고 있었습니다.

지금 돌아보면, 분양사에서 이야기했던 '호재'들은 사실 호재가 아니었습니다. 분양사 직원들이 제공한 정보가 과연 신뢰할 수 있는 출처에서 나온 것인지, 그 정보가 검증된 것인지 확인했어야 했습니다. 그러나 당시에는 아무런 의심 없이 그대로 믿어버렸죠.

또한 그 지역의 기존 아파트 시세를 미리 확인하고, 신축 아파트가 준공되었을 때 시세가 얼마나 될지, 현재의 분양가가 적정한지, 지역 내 공급과 수요는 어떤 상황인지 등 기본적인 사항을 검토했어야 했습니다. 하지만 이러한 것을 확인조차 하지 않은 채, 무작정 투자를 결정했던 것이 가장 큰 실수였습니다.

이러한 실패는 저에게 값진 교훈이자 성장의 계기가 되었습니다. 그 후로 부동산 공부를 꾸준히 하며 기회가 오기만을 기다렸습니다. 시간이 더 지나기 전에 결단을 내리지 않으면 안 된다는 생각에 결국 매도를 결심하게 되었습니다. 당시 우리 아파트는 여전히 분양가 대비 1억 5천만 원이나 마이너스 상태였지만, 더 큰 손해를 막기 위해서는 과감히 매도하고 미래 가치가 있는 아파트로 갈아타는 것이 현명한 선택이라고 판단했습니다.

맞벌이 부부였지만 1억 5천만 원이라는 금액은 저희에게 너무나 큰돈이었습니다. 그 돈을 모으려면 허리띠를 졸라매고 3년 이상은 저축해야 할 피 같은 돈이었죠. 손해를 감수해야 한다는 생각에 마음이 무거웠고, 가슴이 아팠습니다. 하지만 더 늦기 전에 매도하는 것이 최선의 선택이라 판단하고, 결국 과감히 결단을 내렸습니다.

결국 2009년 분양받았던 첫 집을 2016년에 분양가 대비 1억 5천만 원의 손해를 보고 매도하게 되었습니다. 손해를 감수하더라도 미래 가치가 있는 아파트로 갈아타는 것이 더 현명한 선택이라 판단했죠. 그래서 매도와 동시에 가양동의 소형 아파트를 매수하기로 결심했습니다.

기존 아파트의 매도 계약을 마친 뒤, 곧바로 가양동 아파트의 매수 계약까지 체결한 그날은 저희 부부에게 잊을 수 없는 날이 되었습니다. 손해를 본 선택이었지만, 그 선택이 더 나은 미래를 위한 새로운 출발점이 될 것이라는 확신을 갖고 한 걸음 내디뎠습니다.

부동산 투자는 신속한 판단과 실행이 필요하다!

2015년부터 꿈틀대던 부동산 시장은 2022년까지 유례없는 호황을 누렸습니다. 2017년, 코로나 대책으로 인해 초저금리 기조가 이어지고 정부의 정책자금까지 풀리면서 유동성은 풍부해졌고, 집값은 더욱 빠르게 상승했습니다.

결국 정부는 다양한 규제책을 내놓기 시작했습니다. 이때 발표된 부동산 대책만 해도 무려 27차례에 달합니다. 지난 7~8년 동안 부동산 안정화를 위해 나온 수많은 대책 중에서 다음과 같은 주요 내용들이 투자 방향을 결정하는 데 중요한 역할을 했습니다.

- 2017년 8월 2일 : 다주택자 매물 유도책 → 주택담보대출, 다주택자 규제 강화
- 2018년 9월 13일 : 대출 규제 및 보유세 강화 → 종합부동산세 인상 및 과세대상 확대
- 2019년 12월 16일 : 대출 규제 강화 → 고가주택 대출규제 강화 및 양도소득세 강화
- 2020년 6월 17일 : 법인 규제 강화 → 법인 종합부동산세 강화 및 주택담보대출 금지
- 2020년 7월 10일 : 다주택자 규제 강화 → 종합 부동산세, 양도소득세 강화

위와 같은 수많은 규제 속에서 발 빠르게 대응한 사람도 있었지만, 그렇지 못한 사람들도 있었습니다. 이 시기에 많은 부동산 투자자들이 주택 대신 상업용 부동산, 특히 꼬마빌딩으로 눈을 돌리기 시작했습니다. 저 역시 2016년의 뼈아픈 실패 이후 어떻게 투자해야 할지 고민이 많았고, 주택에 대한 정부의 규제가 계속 강화되자 주택 투자는 점점 더 어려워질 것이라는 판단을 내렸습니다.

결국 정부의 규제에 맞춰 저도 상업용 부동산 시장으로 방향을 틀

게 되었습니다. 현재 저희 부부는 강남의 똘똘한 주택 1채와 꼬마빌딩 4채를 보유하고 있습니다. 평범한 맞벌이 부부였던 우리가 이렇게 꼬마빌딩을 4채나 가질 수 있었던 것은, 정부 규제에 저항하기보다는 새로운 정책에 맞춰 신속하고 유연하게 대응했기 때문이라고 생각합니다.

많은 사람들이 정부의 규제가 무서워 부동산 시장이 끝났다고 말할 때, 저는 '이 상황에서 해결 방안은 없을까?'를 고민했습니다. 예를 들어, 1가구 다주택 규제가 나오자 법인을 설립해 투자했고, 법인 주택 투자 규제가 나오자 상업용 부동산으로 전략을 바꿔 대응했습니다.

우리가 통제할 수 없는 외부 환경을 탓하며 아무것도 실행하지 않는 것보다는, 주어진 상황에 맞춰 신속하게 판단하고 실행하는 것이 훨씬 더 중요하다고 생각합니다. 부동산 투자에서도 마찬가지입니다. 정부의 규제가 나올 때마다 부정적인 감정에 빠져 불만을 표출하는 대신, 그 규제에 어떻게 대응할지 전략적으로 고민하는 것이 더 현명한 접근입니다.

규제가 강화되면 투자 기회가 줄어드는 것처럼 느껴질 수 있지만, 오히려 기회를 포착할 수 있는 순간이 될 수도 있습니다. 예를 들어, 다주택자에 대한 규제가 강화되었을 때, 많은 투자자들이 주택 투자를 포기했습니다. 하지만 저는 그 시점에서 주택 대신 상업용 부동산으로 투자 방향을 바꾸는 전략을 선택했습니다. 상업용 부동산은 그 당시 규제의 사각지대였고, 이를 활용해 더 큰 성과를 얻을 수 있었습니다.

문제가 발생했을 때, 누구의 잘못인지에 집중하는 것보다는 '어떻게 해결할 수 있을까?'라는 질문을 던지는 것이 훨씬 더 효과적입니다. 규제에 맞춰 투자 전략을 조정하면 시장에서 앞서 나갈 수 있는 기회를 잡을 수 있습니다. 결국 부동산 투자에서도 중요한 것은 불평하기보다 규제에 맞춰 신속하게 적응하고, 투자 방향을 유연하게 전환할 수 있는 능력입니다.

전세 8천만 원에서 시작해,
첫 꼬마빌딩 매수로
10억 원 가치 상승!

건물주는 이제 '부의 상징'이자 많은 사람들이 꿈꾸는 목표가 되었습니다. '갓물주'라는 신조어가 생길 정도로, 건물을 소유한다는 것은 성공과 부를 의미하죠. 연예인이 건물을 매수하면 그 뉴스가 큰 화제가 되는 것도 그 때문입니다. 저 역시 한때는 건물주라는 존재를 그저 동경의 대상으로만 여겼습니다. 건물주가 되면 좋겠다는 생각은 했지만, 솔직히 제가 그 자리에 설 수 있을 것이라고는 상상도 못 했습니다.

빌딩 투자는 나와는 거리가 먼, 상류층만이 할 수 있는 '그들만의 리그'라고 생각했습니다. 저같은 평범한 직장인이 빌딩을 소유한다는 것은 마치 드라마 속 이야기처럼 느껴졌죠.

그런 생각을 가지고 있던 제가, 신혼 초 부동산 투자에서 크게 실패한 경험을 교훈 삼아 꾸준히 공부하고 실천한 끝에, 결혼 15년 만에 꼬마빌딩 4채를 소유한 다건물주가 되었습니다.

그렇다면 어떻게 전세 8,000만 원짜리 신혼집에서 시작한 맞벌이 부부가, 이제는 꼬마빌딩 4채를 소유한 다건물주가 될 수 있었을까요? 제가 건물주가 되었다는 말을 들은 사람들은 대부분 이렇게 묻습니다.

"부부가 전문직이라 연봉이 어마어마한가봐요?"
"금수저 아니면 다이아몬드수저인가 봐요?"

하지만 처음에 설명한 것처럼 저희 부부는 결혼할 때 양가 부모님으로부터 재정적 도움을 전혀 받지 않았습니다. 그 당시, 주변에는 부모님의 지원으로 결혼과 동시에 집을 마련하고 안정적인 생활을 시작한 지인들이 많았지만, 저희는 달랐습니다. 우리의 출발은 그저 8,000만 원짜리 전세 신혼집이었죠. 신혼집 전세자금조차도 영끌해서 마련한 것이었습니다.

그렇다고 부모님으로부터 도움을 받지 못한 것이 서운하지는 않았습니다. 맞벌이 덕분에 가계소득은 안정적이었고, 우리는 소비를 줄이며 종잣돈을 차근차근 모을 수 있었습니다. 우리는 사치보다는 미래를 위해 절약하는 스타일이었고, 덕분에 예상보다 빠르게 자산을 쌓아갈 수 있었습니다.

오히려 경제적인 지원 없이 시작한 것이 저희를 더 단단하게 만들어 주었다고 생각합니다. 지원 없이 출발한 덕분에 목표에 대한 열망이 더 커졌고, 그만큼 더 열심히 살아야 한다는 헝그리 정신이 생겼습니다. 지금 와서 돌이켜보면, 이러한 절박함과 노력 덕분에 더 빠르게 자산을 쌓고 성공으로 나아갈 수 있었습니다.

이러한 노력의 결과로 2021년부터 2024년까지 꼬마빌딩 4채를 매수하게 되었습니다. 2019년에 상업용 부동산 공부를 시작하면서 수많은 임장을 다니며 현장을 익히고, 2021년에 드디어 첫 번째 꼬마빌딩을 매수할 수 있었습니다.

꼬마빌딩 매수를 준비할 때 가장 먼저 고려한 것은 환금성이었습니다. 언제든지 매도할 수 있을 만큼 유동성이 높은 지역을 선택하는 것이 중요했죠. 이상적으로는 강남권이 최적의 투자 지역이었지만, 당시 저희는 시드머니가 부족했기 때문에 그 대신 두 번째로 인기 있는 마포 지역을 선택했습니다.

마포 지역의 꼬마빌딩 매물을 매주 분석하며 스터디했고, 일주일에 한두 번씩은 직접 임장을 나가 현장을 확인했습니다. 마포는 저희에게 낯선 지역이었지만, 1년 이상 꾸준히 발품을 팔며 꼬마빌딩 매수를 준비했습니다. 연리단길, 합정동, 홍대거리와 같은 핫한 지역을 중심으로 임장할 장소를 정하고, 그 과정에서 남편과 함께 지역 맛집도 찾아다니며 데이트도 즐겼습니다. 덕분에 젊은이들의 거리도 구경하고 투자 분석도 하며 일석이조의 시간을 보낼 수 있었습니다.

1년 넘게 마포 지역을 공부하다 보니 어느 순간, 어떤 꼬마빌딩이 좋은 매물인지 판단할 수 있는 눈이 조금씩 뜨이는 것을 느꼈습니다. 이 지역의 시세와 상권에 익숙해지니 매물을 받았을 때 그것이 좋은 기회인지 아닌지 판단할 수 있게 되었습니다. 그렇게 저희는 점점 건물주가 될 준비가 되어가고 있었고, 마침내 좋은 매물을 발견하게 되었습니다.

2021년 당시 상업용 부동산 시장은 뜨거운 열기로 가득했습니다. 하지만 진정한 성공은 수면 위로 드러나지 않은 매물을 발굴하는 데 있었습니다. 꼬마빌딩도 인연이 있을까요? 수많은 매물을 접하고도 계약까지 이어지지 않는 경우가 허다했습니다.

이 시기는 매도자 우위의 시장이었습니다. 마음에 드는 매물을 찾았어도 매수 의사를 밝히기 전에 매물이 이미 시장에서 철회되는 일이 흔했습니다. 그만큼 경쟁이 치열했고, 원하는 매물을 손에 넣는 것은 매우 어려운 일이었습니다.

그러던 중 저희는 첫 번째 꼬마빌딩을 만나게 되었고, 정말 어렵게 계약이 성사되었습니다. 부동산 시장이 상승세를 타고 있던 시기였음에도 불구하고, 운 좋게도 시세보다 20~30퍼센트 저렴한 가격에 매수할 수 있었죠. 그 이유는 이 매물이 지역의 한 부동산에서만 취급되었고, 매도인이 인권단체였기 때문에 시세 파악이 제대로 이루어지지 않았던 점이 큰 역할을 했습니다. 준비된 기회와 약간

▲ 꼬마빌딩 1호

의 운이 더해져, 저희는 첫 번째 건물을 손에 넣을 수 있었습니다.

첫 번째 꼬마빌딩은 근린생활시설로, 당시 인권단체가 건물 전체를 사용하고 있었습니다. 매매 계약은 명도 조건으로 이루어졌기 때문에, 잔금을 치른 후에는 임차인을 새로 구해야 했습니다. 처음 매수하는 꼬마빌딩인데다가 임차인을 새로 구해야 한다는 상황이 겹쳐 처음에는 불안감이 앞섰습니다.

특히, 꼬마빌딩 매수를 위해 대출도 상당히 많이 받았기 때문에, 임차인을 빠르게 구하지 못하면 자금 운용에 문제가 생길까 봐 걱정이 컸습니다. 그래서 매매를 중개했던 부동산에 상담을 요청했는데, 그들은 이 동네의 경우 통임대 수요가 많은데 비해 공급이 부족하기 때문에 임차인을 구하는 데 어려움은 없을 것이라고 설명해주었습니다.

참고로 저는 성격상 직장을 이직할 때도 새로운 직장이 확정된 상태에서만 마음이 놓이는 편이라, 이런 불확실한 상황이 더욱 불안했습니다.

처음에는 불안감이 컸지만, 긍정적으로 생각하며 근방의 부동산

수십 곳에 통임대 매물을 내놓았습니다. 얼마 지나지 않아 한 부동산에서 연락이 왔습니다.

"이 빌딩을 통임대로 쓰고 싶습니다. 건물 상태도 좋고, 저희가 찾던 조건에 딱 맞네요."

그 이야기를 듣고 나서야 한숨을 돌릴 수 있었습니다.

그때 놀라운 제안이 따라왔습니다. 그들은 "이 건물이 너무 마음에 들어서, 매수하신 금액보다 10억 원을 더 드리고 매수하고 싶습니다"라고 말하는 겁니다. 그 이야기를 듣는 순간, 마음속의 불안이 한꺼번에 사라졌습니다. 속으로 '정말 시세보다 저렴하게 샀구나'라고 생각하며, 10억 원을 더 주고라도 매수하고 싶다는 사람이 나타난 것을 보니, 내가 잘 선택했다는 확신이 들었습니다.

2년간의 공부와 끊임없는 노력 끝에 마침내 손에 넣은 꼬마빌딩 1호는 매매가 대비 80퍼센트의 대출로 진행되었습니다. 당시 대출 금리가 3퍼센트대였고, 많은 투자자들이 저처럼 풀대출을 받는 시기였습니다. 저도 레버리지 효과를 최대한 활용하기 위해 풀대출을 진행했죠.

그 후, 다행히 임차인은 매매 잔금 후 한 달 뒤에 통임대 세입자가 들어오게 되었습니다. 그때 저는 비로소 꿈에 그리던 건물주가 되었다는 사실을 실감할 수 있었습니다.

1년만에 투자금 회수,
무피 투자의 성공법칙!

하나의 목표가 이루어지면 또 다른 목표가 생기는 법일까요? 꼬마
빌딩 1호의 안정화가 완료되고, 부동산 시장이 더 활발해지자 자연
스럽게 저에게는 또 다른 목표가 생기기 시작했습니다. 당시에는
꼬마빌딩 1호의 매수로 인해 큰돈이 없었지만, 미래에 있을 기회를
놓치지 않기 위해 계속해서 꼬마빌딩 매물과 실거래가를 모니터링
하기 시작했습니다.

많은 사람들이 "부동산 공부를 어떻게 해야 하나요?"라고 묻는데,
제 대답은 간단합니다. 실제 거래된 내용들을 꾸준히 살펴보는 것

만으로도 큰 공부가 됩니다. 시세와 지역 동향을 파악할 수 있기 때문이죠. 그래서 저는 당장 부동산을 매입할 여유가 없을 때도 습관적으로 관심 지역의 시세와 실거래가를 확인하며 시장에 대한 감각을 유지해왔습니다.

이렇게 매물과 실거래가를 꾸준히 비교하던 중, 어느 날 시세보다 저렴하게 나온 매물을 발견했습니다. 꼬마빌딩 2호를 매수할 기회가 드디어 찾아온 것이었죠. 꼬마빌딩 2호에 대한 기대감에 설레는 마음을 주체할 수 없었습니다.

사람들이 흔히 말하는 것처럼 '간절히 원하면 이루어진다'는 말이 맞는 것일까요? 어느새 저는 꼬마빌딩 2호를 매입하기 위한 준비에 들어갔고, 대출 조건까지 알아보고 있었습니다.

이때가 꼬마빌딩 1호를 매입한 지 1년 정도 지난 시점이었습니다. 그때 꼬마빌딩 1호를 담보로 추가 대출이 가능하다는 사실을 알게 되었죠. 처음 매수했을 때 시세보다 저렴하게 구입했기 때문에, 부동산 시장이 상승하면서 공시지가가 올라 대출한도가 늘어난 것입니다. 게다가 마침 보유하고 있던 주택도 매도되어 추가로 투자할

▲ 꼬마빌딩 2호

자금을 확보할 수 있었습니다.

결국 주택 매도금과 꼬마빌딩 1호의 추가 대출금을 합쳐 꿈에 그리던 꼬마빌딩 2호를 매수하는 데 성공했습니다. 이로 인해 꼬마빌딩 1호는 추가 대출금과 매매 당시 담보 대출금이 매매가와 같아져, 결국 무피 투자(투자금을 회수한 상태)가 이루어졌습니다. 즉, 꼬마빌딩 1호는 매입 후 1년 만에 초기 투자한 원금을 모두 회수하게 된 셈이죠.

이러한 성과가 가능했던 이유는 꼬마빌딩 1호를 매입할 당시 시세보다 저렴하게 매수할 수 있었던 것이 결정적인 요인이었습니다. 부동산을 매입할 때 여러 가지 고려해야 할 요소가 많지만, 무엇보다 중요한 것은 시세보다 저렴하게 매입하는 것입니다. 이는 자산 가치를 높이기 위한 첫걸음이라고 할 수 있죠.

매물의 가치를 파악하고, 시세보다 얼마나 저렴한지를 판단할 수 있는 안목을 기르는 것이 무엇보다 중요합니다. 이를 위해서는 해당 지역의 시세를 지속적으로 모니터링하고, 실거래가를 꼼꼼히 분석하는 습관이 필요합니다. 이러한 준비가 뒷받침될 때 좋은 매물을 발견할 수 있고, 자신에게 주어진 그 기회를 잡을 수 있는 능력이 생기는 것입니다.

2장

막막한 꼬마빌딩 투자,
어디서부터
시작해야 할까?

초보자도 쉽게 따라할 수 있는
꼬마빌딩 투자 7단계!

최근 부동산 시장은 2022년 하반기부터 고금리의 영향으로 잠시 침체기를 겪었지만, 최근 금리 인하 신호와 함께 다시 상승세로 전환하는 분위기가 감지되고 있습니다. 특히, 강남, 성수, 종로 등의 지역에서는 꼬마빌딩 매매 거래량이 늘어나고 있으며, 급매 물건들은 이미 소진된 상태입니다.

이러한 흐름 속에서 날로 인기가 높아지고 있는 꼬마빌딩 투자를 어떻게 시작해야 할까요? 이번 장에서는 꼬마빌딩 투자에 관심이 있는 분들을 위해 투자의 시작점부터 차근차근 살펴보겠습니다.

꼬마빌딩에 대한 관심은 많지만, 막상 어떻게 투자를 시작해야 할지 막막한 분들이 많습니다. 사실 저 역시 초보 투자자였을 때는 어디서부터 어떻게 시작해야 할지 몰라 네이버에 '꼬마빌딩 투자'라고 검색하며 관련 정보를 찾아봤던 경험이 있습니다. 매물 정보나 중개업소를 통해 정보를 받아봤지만, 내 투자 목적과 재정 상황에 적합한 매물을 찾는 것은 결코 쉬운 일이 아니었습니다.

꼬마빌딩 투자는 다른 부동산 투자에 비해 복잡한 요소들이 많습니다. 자금 계획에서부터 매물 선택, 수익성 분석, 임차인 관리까지, 꼬마빌딩 투자에 필요한 지식은 많고 다양하죠. 따라서, 이러한 과정을 하나씩 이해하고 준비하는 것이 필수적입니다.
이제부터 꼬마빌딩 투자를 위한 핵심 단계를 간략하게 알아보겠습니다.

① 시드머니 확인

꼬마빌딩 투자를 시작하기 위해 가장 먼저 해야 할 일은 시드머니, 즉 매수에 사용할 수 있는 자금의 규모를 파악하는 것입니다. 여기에는 현재 보유하고 있는 현금뿐만 아니라 받을 수 있는 대출까지 포함됩니다. 예산을 세울 때, 주택이 있는 경우 그 주택을 담보로 받을 수 있는 대출 조건을 확인해보는 것도 중요합니다. 주택의 가치와 상황에 따라 대출한도가 달라질 수 있기 때문에 은행이나 금융기관의 정확한 상담을 받는 것이 필수적입니다.

또한 이미 주택담보대출을 받은 경우에도 추가로 받을 수 있는 후순위 대출이 가능한지 확인해야 합니다. 후순위 대출은 기존 대출이 있더라도 추가로 자금을 확보할 수 있는 방법이기 때문에 꼬마빌딩 매수 시 중요한 고려 요소가 될 수 있습니다.

② 투자 목적에 따른 콘셉트 확인

상업용 부동산 투자에서 가장 중요한 것은 투자의 목적을 명확히 정하는 것입니다. 각자의 목적에 따라 투자 방식과 대상이 달라지기 때문입니다. 예를 들어, 노후의 생활비를 목적으로 하는 사람은 안정적인 임대수익을 얻기 위해 임대수익형 꼬마빌딩에 투자하는 것이 적합합니다. 이러한 건물들은 월세 등으로 꾸준한 현금 흐름을 제공하기 때문에 생활비를 충당하는 데 도움이 됩니다.

반면에 자산 증식이 주요 목적이라면, 시세차익형 꼬마빌딩에 집중해야 합니다. 이러한 투자 전략은 주로 빠르게 발전하거나 가치 상승이 예상되는 지역의 건물을 저렴하게 매수한 후, 매도 시점에 차익을 통해 수익을 얻는 방식입니다. 이 경우에는 임대수익보다는 자산의 가치 상승을 노린 투자가 될 것입니다.

따라서 꼬마빌딩 투자에서는 자신의 투자 목적에 따라 임대수익형 또는 시세차익형으로 투자 방향을 정하고, 그에 맞는 건물을 찾아 투자 계획을 세우는 것이 중요합니다.

③ 투자 지역 선정

투자 목적에 따라 투자 콘셉트가 달라지기 때문에 투자할 지역도 자연스럽게 달라질 수밖에 없습니다. 예를 들어, 자산 증식을 목표로 하는 시세차익형 투자를 원한다면, 강남 3구나 성수, 마포처럼 최근 급성장하고 있는 지역들이 매력적인 선택지가 됩니다. 이러한 지역들은 인프라 확충과 개발 호재가 있어 향후 부동산 가치 상승을 기대할 수 있기 때문에 시세차익을 노리는 투자자들에게 적합합니다.

반면, 안정적인 임대수익을 원하는 임대수익형 투자라면, 상업적 수요가 꾸준한 지역에서 임대수익을 기대할 수 있는 꼬마빌딩을 찾아야 합니다. 이런 지역들은 빠른 시세 상승을 기대하기 어려울 수 있지만, 꾸준한 임대 수요가 있어 안정적인 현금 흐름을 제공합니다.

지역에 따라 부동산 시장의 특성이 다르기 때문에, 투자자가 원하는 수익 모델에 맞는 지역을 신중하게 선택해야 합니다.

④ 매물 서치

투자 지역이 정해졌다면, 그 지역을 중심으로 매물을 꾸준히 찾아보는 것이 중요합니다. 요즘은 온라인 채널과 다양한 부동산 플랫폼을 통해 매물 정보를 쉽게 접할 수 있습니다. 여러 매물을 비교하며 자신의 투자 목적에 맞는 최적의 매물을 찾는 것이 관건입니다.

시간이 날 때마다 손품을 팔아 시장 동향을 꾸준히 파악하는 것이 필수입니다. '손품'이란 부동산 임장을 나가기 전에 그 지역에 대한 정보를 충분히 공부하고 관련 자료를 미리 준비하는 것을 의미합니다. 이는 주로 온라인 부동산 사이트나 관련 앱을 통해 이루어지며, 해당 지역의 시세, 개발 계획, 교통, 상권 등의 변동 상황을 미리 조사하는 것이 포함됩니다.

이러한 사전 준비 과정을 통해 임장에 나갈 때 효율적인 현장 조사가 가능해지고, 매물의 가치와 잠재력을 보다 정확하게 판단할 수 있게 됩니다.

⑤ 매물의 수익성 분석

꼬마빌딩 투자의 핵심은 수익성 분석입니다. 매물을 찾은 뒤에는 임대수익률이 투자 목표에 부합하는지 확인해야 하며, 향후 시세 상승 가능성도 평가해야 합니다. 지역의 공실 위험과 임차 수요도 중요한 고려 요소입니다. 투자 목표가 임대수익인지 시세차익인지에 따라 분석 방향도 달라지며, 이에 맞춰 매물의 가치를 판단해야 합니다.

최근에는 부동산 어플을 사용해 빅데이터 기반의 수익성 분석을 간편하게 할 수 있어, 이러한 기술을 활용하면 더욱 효율적인 투자 결정을 내릴 수 있습니다.

⑥ 매수 협상

매물의 수익성 분석이 끝났다면, 매도자와 본격적인 매수 협상을 시작해야 합니다. 이때 중요한 것은 부동산 중개인을 최대한 활용하는 것입니다. 중개인은 대부분 매매 계약의 성립을 목표로 하므로 매수자의 입장에서 협상을 돕는 경우가 많습니다.

중개인의 조언과 지원을 바탕으로 매도자를 설득하고, 매매 계약이 성립되지 않을 정도의 무리한 요구는 피하되, 가능한 한 매수자에게 유리한 조건을 끌어낼 수 있도록 협상을 진행해야 합니다.

⑦ 매매 계약

매도자와의 협상이 완료되면, 꼬마빌딩 매수 계약 단계로 넘어가게 됩니다. 이 과정에서는 확인해야 할 다양한 서류들이 있습니다. 매수 협상 단계에서 이미 서류를 확인했더라도, 매매 계약을 체결하는 당일에 다시 한 번 철저히 검토하는 것이 매우 중요합니다.

등기부등본, 임대차 계약서, 세금 납부 내역, 건축물 대장 등은 특히 꼼꼼히 확인해야 할 서류들입니다. 이 과정에서 작은 실수나 누락이 큰 손해를 초래할 수 있으며, 대부분의 부동산 사기도 이 과정에서 발생하므로 유의해야 합니다.

지금까지 꼬마빌딩 투자를 위해 거쳐야 하는 기본적인 7단계의 과정을 살펴보았습니다. 이 단계들은 투자 계획 수립부터 매수 계약 완료까지의 모든 과정을 포괄하며, 투자 초보자들이 어디서부터 시작해야 할지 막막할 때 유용한 가이드가 될 것입니다.

꼬마빌딩 투자는 일반적인 부동산 투자보다 더 복잡한 요소들이 많이 포함되어 있기 때문에, 이러한 기본적인 프로세스를 숙지하고 차근차근 진행하는 것이 매우 중요합니다. 철저한 준비와 분석을 통해 신중하게 투자에 임하는 것이 성공적인 결과를 얻는 데 큰 도움이 될 것입니다.

투자 목적에 따라 달라지는
꼬마빌딩 투자 전략!

꼬마빌딩 투자는 투자자의 목적에 따라 다양한 전략과 접근법이 필요합니다. 무엇보다 중요한 것은 자신의 재정 상태와 투자 목적을 명확히 이해하고 그에 맞는 계획을 세우는 것입니다.

건물주가 되고자 한다면, 재정 상태를 면밀히 점검한 후, 어떤 종류의 꼬마빌딩을 매입할 것인지 방향을 확정해야 합니다. 꼬마빌딩의 투자 목적은 크게 두 가지로 나눌 수 있습니다. 바로 임대수익형과 시세차익형입니다.

① 임대수익형 꼬마빌딩

꼬마빌딩 투자의 대표적인 목적 중 하나는 임대수익입니다. 이는 꼬마빌딩을 매입한 후 월세나 연간 임대료를 통해 안정적인 현금 흐름을 창출하는 것을 목표로 합니다.

이러한 투자 방식은 특히 은퇴 후 생활비를 안정적으로 마련하려는 사람들에게 적합합니다. 임대수익형 꼬마빌딩 투자는 임대 수요가 꾸준히 존재하는 지역에서 이루어져야 하며, 이러한 지역을 선택하는 것이 매우 중요합니다. 임대 가능성이 높은 지역이나 임대 수요가 증가하는 시장을 타겟으로 해야 하는데, 대표적인 임대수익형 꼬마빌딩으로는 원룸 건물과 고시원 건물 등이 있습니다.

이때 반드시 고려해야 할 요소는 임대수익률과 임대 조건, 그리고 임대 관리의 편의성입니다. 예를 들어, 임차인 관리가 용이한 시스템이나 건물의 구조가 중요한데, 특히 임대 관리를 어떻게 할 것인지에 따라 수익성과 안정성이 크게 달라집니다.

이처럼 임대수익형 꼬마빌딩 투자는 장기적인 안정성과 현금 흐름을 목표로 하며, 지속 가능한 수익을 창출할 수 있는 중요한 투자 방식입니다.

② 시세차익형 꼬마빌딩

시세차익형 꼬마빌딩 투자는 건물의 가치 상승을 통해 차익을 실현하는 방식입니다. 이 투자 전략은 시세 상승이 기대되는 지역에서 건물을 매입한 후, 단기 혹은 중기로 빌딩을 보유하면서 시세가 오를 때 매도하여 자본 이익을 얻는 것을 목표로 합니다. 이러한 지역은 개발 호재나 상권 급성장이 예상되는 곳이 주로 선택됩니다. 즉, 개발이 진행 중이거나 미래 가치가 높은 지역에서 꼬마빌딩을 매입하는 것이 핵심입니다.

또한 노후된 건물을 매입한 후 신축이나 리모델링을 통해 건물의 물리적 가치를 상승시키는 방법도 시세차익형 전략의 중요한 한 부분입니다. 이렇게 건물 상태를 개선하면 임대료를 인상하거나 새로운 임차인을 유치할 수 있어, 매도 시에 더 높은 가격으로 거래될 수 있습니다. 신축 및 리모델링을 통해 임대수익을 극대화한 후 매도하는 방식은 시세차익형 투자에서 흔히 사용됩니다.

결론적으로 꼬마빌딩 투자는 정해진 정답이 없는 다각적인 투자 방식입니다. 투자자의 목표와 재정 상태에 맞춰 전략을 선택하는 것이 가장 중요합니다. 안정적인 임대수익을 원한다면 임대수익형 꼬마빌딩이 적합하고, 자산가치 상승을 통해 시세차익을 노리는 전략이 맞는다면 시세차익형 꼬마빌딩이 적합할 것입니다.

각 전략은 서로 다른 장단점을 가지고 있으므로, 투자자의 성향과 목표를 고려해 접근해야 합니다. 임대수익형은 안정적인 현금 흐름을 제공하지만 큰 자산 증식의 기회는 상대적으로 적고, 시세차익형은 높은 수익 가능성이 있지만 시장 변동에 따른 리스크가 클 수 있습니다. 본인의 성향과 시장 상황을 철저히 분석하여 자신에게 맞는 방향을 설정하는 것이 성공적인 꼬마빌딩 투자로 이어질 것입니다.

나에게 꼭 맞는
꼬마빌딩 투자법은?

꼬마빌딩 투자는 개인의 투자 성향과 재정 상태에 따라 다양한 전략이 필요합니다. 은퇴 후 안정적인 노후를 계획하거나 보수적인 성향을 지닌 투자자에게는 임대수익형 투자가 적합합니다. 이 전략은 꼬마빌딩을 매입한 후 안정적인 임대료를 통해 지속적인 수익을 창출하는 방식으로 낮은 리스크와 꾸준한 현금 흐름을 확보할 수 있습니다.

반면, 저의 경우는 시세차익형 투자자에 가깝습니다. 처음 투자한 꼬마빌딩 1호는 사무실 임대가 가능한 근린생활건물로 당시 인기 있는 지역에 위치해 있었습니다. 시세차익을 기대하며 건물의 가격 상승을 목표로 한 전략을 세웠고, 레버리지 효과를 최대한 활용하기 위해 많은 대출을 받았습니다.

2021년까지는 코로나로 인한 초저금리 기조 덕분에 월임대료로 대출이자를 감당할 수 있었으나, 2022년 말부터 시작된 금리 인상으로 인해 상황이 급변했습니다. 대출이자가 상승하면서 월임대료만으로는 대출이자를 감당하기 어려워졌고, 이에 대해 주위 사람들도 "대출이자가 월임대료보다 많으면 어떻게 유지하느냐?"며 걱정을 하기 시작했습니다.

이 상황을 극복하기 위해 저는 새로운 전략을 세웠습니다. 꼬마빌딩 3호와 4호는 고시원과 같은 임대수익형 부동산에 투자하기로 결정한 것입니다.

처음에 상업용 부동산을 공부할 때 많은 전문가들이 원룸이나 고시원과 같은 건물에 투자하는 것을 권하지 않았습니다. 이유는 세입자가 많고, 그들의 요구를 모두 감당하다 보면 관리가 복잡해져서 투자자의 부담이 커진다는 점 때문이었습니다.

▲ 꼬마빌딩 3호

▲ 꼬마빌딩 4호

저도 이런 의견에 영향을 받아 처음에는 원룸이나 고시원 건물에 투자하는 것을 꺼려했습니다. 관리가 까다롭고 예상치 못한 문제가 발생할 수 있다는 우려 때문이었죠. 하지만 상황이 바뀌고 금리가 인상되면서, 꼬마빌딩 1호와 2호에서 발생하는 임대수익이 금리 상승에 따른 대출이자를 충당하기에 부족하다는 점을 깨달았습니다. 결국 대출이자를 상쇄할 수 있는 고수익의 임대수익형 부동산을 찾을 수밖에 없었습니다.

고시원 건물의 임대수익률은 8~9퍼센트에 달했기 때문에, 부족한 대출이자를 충당하는 데 큰 도움이 되었습니다. 이 전략 덕분에 저는 고금리 상황에서도 대출이자를 감당할 수 있었고, 전체 포트폴리오가 더 안정적으로 운영될 수 있었습니다.
시세차익형과 임대수익형 투자 방식을 조합한 하이브리드형 투자 전략으로 대출이자보다 월임대료가 높은 상황을 만들 수 있었고, 고시원 건물의 관리도 전문 관리업체에 위탁해 큰 부담 없이 운영 중입니다.

이처럼 꼬마빌딩 투자는 정답이 없으며, 자신의 투자 성향과 목적에 맞는 전략을 세워야 합니다. 동시에 시장의 변화에 유연하게 대응하는 것이 성공적인 꼬마빌딩 투자의 핵심입니다.

법인을 설립해야 할까?
개인 투자와 법인 투자 비교로 결정하라!

꼬마빌딩을 매입할 때, 중요한 결정 중 하나는 매입 주체를 개인사업자로 할지 법인사업자로 할지 정하는 것입니다. 상업용 부동산은 매입 후 임대료를 받게 되므로, 이는 일종의 임대사업에 해당하며 사업자등록증을 발급받아야 합니다.

사업자등록증은 사업자가 국세청에서 발급받는 등기증명서입니다. 임대사업을 위한 사업자등록증은 개인사업자 또는 법인사업자로 발급이 가능합니다. 이 두 가지 선택은 각각의 장단점이 있습니다.

① 개인사업자의 장점

- **간편한 설립 및 운영** : 개인사업자는 설립 절차가 법인사업자에 비해 상대적으로 간단합니다. 사업등록이 간편하며 법인설립비 등의 초기 비용 및 운영 비용이 낮습니다. 또한 세무신고 절차가 간소하고 필요 서류가 적어 세무신고를 하는데도 비교적 수월합니다.

- **직접적인 의사결정** : 개인사업자의 경우 투자에 대한 모든 의사결정을 직접적으로 할 수 있습니다. 이는 투자 전략의 유연성을 높이고 시장 변동에 맞추어 발 빠르게 대응할 수 있다는 장점이 됩니다.

- **재정의 유연성** : 개인 자산이기 때문에 투자 수익을 활용하는데 유용합니다. 예를 들어, 꼬마빌딩 매도를 통해 시세차익이 발생했다면, 시세차익으로 인한 이윤은 바로 개인의 자산이 되기 때문에 자유롭게 사용할 수 있습니다.

② 개인사업자의 단점

- **자금 조달의 제약** : 개인사업자는 부동산 매입을 위해 대출을

받을 때, 법인사업자에 비해 RTI[Rent to Interest][1] 적용 기준이 엄격하게 적용됩니다. RTI란 '임대 부동산의 연간 이자비용 대비 연간 임대소득의 비율'로 대출 심사 시 임대수익이 이자비용을 얼마나 초과하는지를 평가하는 지표로 사용됩니다. 즉, RTI가 높을수록 임대수익이 이자비용을 충분히 상회한다는 의미로, 금융기관 입장에서는 대출 상환에 대한 위험이 낮다고 판단할 수 있습니다.

비주거용 부동산은 주택에 비해 RTI가 높은 편이며 보통 RTI가 1.5 이상이어야 담보대출을 잘 받을 수 있습니다. 예를 들어, 연간 이자 비용이 2,000만 원이라면, 최소한 연간 임대수익이 3,000만 원(2,000만 원×1.5) 이상이어야 합니다. 대출을 받을 때 임대소득이 충분히 높지 않으면 대출한도가 줄어들거나 대출이 거절될 수 있습니다.

반면, 법인사업자의 경우는 RTI 기준이 상대적으로 낮은 편입니다. 또한 법인 신용도와 자산 규모 등을 고려하여 더 유연

1   RTI(Rent To Interest, 임대업 이자상환비율)는 담보가치 외에 임대수익으로 어느 정도까지 이자상환이 가능한지 산정하는 지표다. 산출방식은 '(상가가치×임대수익률)÷(대출금×이자율)'

한 대출 조건을 제공하기도 합니다.

- **높은 소득세 부담** : 개인사업자는 매매 수익에 대해 종합소득세가 적용되며, 소득이 높아질수록 세율이 급격히 증가합니다. 특히, 과세표준이 높은 경우에는 개인소득세율이 법인세율보다 훨씬 높아 세금 부담이 크게 증가할 수 있습니다.

③ 법인사업자의 장점

- **세금 혜택** : 법인사업자는 개인사업자에 비해 낮은 법인세율을 적용받을 수 있어, 특히 부동산 매매로 큰 수익을 얻었을 때 세금 부담을 줄일 수 있습니다. 개인사업자는 종합소득세율에 따라 소득이 높아질수록 더 높은 세율을 적용받습니다. 반면, 법인사업자는 일정한 법인세율이 적용되기 때문에 대규모 수익을 얻었을 때도 세율이 상대적으로 낮아, 세금 부담이 감소합니다.

- **책임 제한** : 법인사업자는 법적으로 법인 자산과 개인 자산이 분리되어 있습니다. 따라서 사업에서 발생한 부채나 손실에 대해 법인 자산만으로 책임을 집니다.

- **자금조달의 유리함** : 법인사업자는 주식 발행을 통해 자본을 조달할 수 있습니다. 따라서 개인이 감당하기 힘든 대규모 프로

젝트를 위한 자금이 필요할 때는 주식 발행으로 자금을 확보
할 수 있습니다. 또한 대출을 받을 때도 개인사업자에 비해
RTI 비율이 낮아 유리합니다.

④ 법인사업자의 단점

- **설립 및 운영 비용** : 법인을 설립하고 운영하는 데는 비용이 발
  생합니다. 법인 설립을 위한 법인설립비부터 세무 기장료, 직
  원이 있다면 노무 관련 비용까지 각종 비용이 추가로 발생할
  수 있습니다.
- **재정의 경직성** : 법인사업자는 개인과 구분되며 각각의 독립된
  존재이기 때문에 법인의 수익을 개인이 마음대로 사용할 수
  없습니다. 즉, 비용은 법인과 관련된 활동을 위해서만 사용하
  기 때문에 법인에 수익이 아무리 많이 발생하더라도 이를 활
  용하는 데는 한계가 있습니다.

따라서 꼬마빌딩 투자자는 소득 규모, 사업 리스크, 장기적 계획 등
을 고려하여 개인사업자와 법인사업자 중 어느 형태가 유리할지
신중히 결정해야 합니다.

부동산 세금, 정확하게 알고
스마트하게 활용하자!

부동산 투자에서 세금은 투자 수익에 직접적인 영향을 미치는 중요한 요소입니다. 부동산을 매입, 보유, 그리고 매각할 때마다 부과되는 다양한 세금 항목들을 제대로 이해하고 관리하는 것이 성공적인 투자의 핵심입니다.

특히, 개인사업자와 법인사업자 간의 세금 차이는 매우 중요한 전략적 요소로 이를 잘 활용하면 세금 부담을 최소화하고 혜택을 극대화할 수 있습니다. 이번에는 부동산 투자자가 알아야 할 취득, 보유, 매각 단계별 주요 세금과 이를 스마트하게 활용하는 방법에 대해 살펴보겠습니다.

① 부동산의 취득

신규로 부동산을 취득할 때 발생하는 세금으로는 부동산 취득세가 있습니다. 취득세는 매입 등기가 완료된 후 부과되며, 꼬마빌딩과 같은 근린생활 건물을 매입할 때는 개인사업자와 법인사업자 모두 4.6퍼센트의 동일한 세율이 적용됩니다. 하지만 건물 일부에 주택이 포함된 경우에는 세율이 달라질 수 있습니다.

법인사업자의 경우에는 취득세 중과를 주의해야 합니다. 아래 세 가지 조건이 충족되면 취득세가 중과되므로 주의가 필요합니다.

- 법인의 본점이 수도권 과밀억제권역[1]에 위치

- 5년 이내의 신규 법인

- 과밀억제권역 내의 부동산 취득

대부분의 꼬마빌딩이 과밀억제권역에 위치할 가능성이 크기 때문에, 법인 본점의 위치를 비과밀억제권역에 두는 것이 취득세 중과를 피하는 중요한 전략이 될 수 있습니다.

....
1   과밀억제권역이란? 한정된 지역 내에 너무 많은 건축물이나 인구가 집중되면서 도시 환경이 과도하게 밀집되어 있는 상태. 서울 및 수도권 대부분의 지역이 포함.

② 부동산의 보유

부동산을 보유하고 있을 때 발생하는 소득세는 매년 한 번씩 납부하게 됩니다. 개인사업자의 경우 부동산에서 발생하는 임대소득이 종합소득세에 합산되어 과세되므로, 직장인이라면 근로소득과 임대소득이 함께 종합되어 세율이 결정됩니다.

예를 들어, 근로소득과 임대소득을 합산한 소득이 10억 원을 초과할 경우, 최고 45퍼센트의 세율이 적용될 수 있습니다. 이처럼 종합소득세는 소득이 많아질수록 세율이 급격히 높아지기 때문에 임대소득이 있는 개인사업자는 자신의 소득 구간을 체계적으로 관리할 필요가 있습니다.

반면, 법인사업자는 부동산 임대소득에 대해 법인세를 납부합니다. 법인세율은 개인의 종합소득세에 비해 상대적으로 낮기 때문에 절세 측면에서 더 유리할 수 있습니다. 개인의 소득세는 누진세율 구조로 소득이 많아질수록 세율이 점진적으로 증가하지만, 법인세는 일정한 비율로 과세되기 때문에 소득이 증가하더라도 세금 부담을 줄일 수 있습니다.

또한 임대소득에 비해 비용 지출이 더 많아 손실, 즉 적자가 발생한 금액을 이월결손금이라고 합니다. 개인사업자는 부동산 임대소득에서 발생한 손실(이월결손금)을 다른 소득과 통산할 수 없으며, 부동산 임대소득에서만 15년까지 통산이 가능합니다. 따라서 개인은 세금 공제 범위가 제한적입니다.

하지만 법인사업자는 이월결손금 제도를 통해 절세 효과를 극대화할 수 있습니다. 법인은 손실이 발생한 해의 결손금을 이후 15년 이내에 발생한 이익에서 80퍼센트 한도 내에서 공제할 수 있습니다. 이때, 법인은 소득의 종류와 무관하게 손실을 상쇄할 수 있어 다양한 소득을 효과적으로 관리할 수 있습니다. 이러한 제도를 활용하면 법인은 장기적으로 더 유리한 세금 관리 전략을 구축할 수 있습니다.

③ 부동산의 매각

부동산을 매각할 때는 양도소득세가 발생합니다. 개인이 주택 이외의 부동산을 1년 미만 보유하고 매각할 경우 55퍼센트의 양도세율이 적용되며, 1년 이상 2년 미만 보유 시 44퍼센트의 세율이 부

▼ 개인종합소득세 세율

과표	세율	누진공제
1,400만 원 이하	6퍼센트	-
5,000만 원 이하	15퍼센트	126만 원
8,800만 원 이하	24퍼센트	576만 원
1.5억 원 이하	35퍼센트	1,544만 원
3억 원 이하	38퍼센트	1,994만 원
5억 원 이하	40퍼센트	2,594만 원
10억 원 이하	42퍼센트	3,594만 원
10억 원 초과	45퍼센트	6,594만 원

▼ 법인세 세율

과표	세율	누진공제
2억 원 이하	9퍼센트	-
2억 원 초과~200억 원 이하	19퍼센트	2,000만 원
200억 초과~3,000억 원 이하	21퍼센트	4억 2,000만 원
3,000억 원 초과	24퍼센트	94억 2,000만 원

과됩니다. 이러한 고정세율은 부동산을 단기간 보유한 후 매각하는 투기 목적을 억제하기 위해 적용되는 중과세율입니다. 반면, 2년 이상 보유할 경우에는 일반 소득세율인 6퍼센트~49.5퍼센트의 누진세율이 적용됩니다. 특히, 3년 이상 보유하면 장기보유특별공제를 통해 양도세 감면 혜택을 받을 수 있어, 장기 투자를 선호하는 개인사업자에게 유리한 구조입니다.

한편, 법인사업자는 양도소득세가 법인세로 분류되기 때문에 개인사업자보다 상대적으로 낮은 세율이 적용됩니다. 법인의 경우에는 단기 투자에서 세금 부담이 더 적으므로, 단기 투자를 고려하는 투자자에게 유리한 측면이 있습니다.

이와 같이, 부동산 세금은 개인사업자와 법인사업자에 따라 각기 다른 장단점을 가지고 있습니다. 개인사업자는 장기보유특별공제와 같은 세제 혜택을 통해 부동산을 오랫동안 보유하면서 안정적인 임대수익을 추구하는 경우에 유리합니다. 특히, 장기 보유 시에는 양도소득세 공제를 받을 수 있어, 장기적인 수익을 목적으로 한 투자자에게 적합한 구조를 제공합니다.

반면, 법인사업자는 법인세율이 상대적으로 낮고, 세금 체계가 단기 시세차익을 얻는 데 더 유리합니다. 또한 이월결손금 공제를 활용하여 과거에 발생한 손실을 향후 이익과 상계함으로써 세금 절감 효과를 극대화할 수 있습니다. 법인이 부동산을 소유할 경우, 양도차익에 대해 법인세가 적용되므로 개인의 누진세율과 비교해 세금 부담이 줄어들 수 있습니다. 따라서 법인은 단기 매매로 시세차익을 노리는 투자자에게 더 적합합니다.

결론적으로 두 방식의 차이를 명확히 이해하고, 투자 목적과 재정 상황에 맞는 전략적인 선택을 하는 것이 중요합니다. 세금을 효율적으로 관리하는 것은 투자 수익을 극대화하는 핵심 요소이므로, 자신의 투자 상황에 맞춰 세금 계획을 세우는 것이 필수적입니다.

초보자를 위한
부동산 1인 법인 설립 가이드!

부동산 투자에 관심이 있는 사람이라면 한 번쯤 법인을 설립하는 것이 유리하다는 말을 들어봤을 겁니다. 하지만 법인 설립이라는 단어는 왠지 복잡하고, 전문가들만 할 수 있는 어려운 일처럼 느껴지죠. 그러나 사실 1인 법인은 누구나 손쉽게 설립할 수 있으며, 이를 통해 세금 혜택이나 투자 리스크 관리 등 다양한 이점을 누릴 수 있는 강력한 도구입니다.

법인이란 개인과 달리 법률에 의해 권리와 의무를 부여받은 독립적인 단체를 말합니다. 즉, 법인은 개인이 아닌 법적으로 권리능력을 부여받은 존재로써 재산을 소유하고 계약을 체결하며, 소송을 제기할 수 있는 법적 자격을 갖습니다. 법인은 사단법인(단체)과 재단법인(특정 목적에 따른 재산)으로 구분되며, 법률에 의해 권리와 의무를 수행할 수 있는 주체로 기능합니다.

상법 제169조에 따르면, 회사란 상행위나 그밖의 영리 활동을 목적으로 설립된 법인을 의미합니다. 이를 영리법인이라고 하며, 다섯 가지 주요 형태로 나눕니다. 각 회사 형태는 법인 설립 목적, 자본 조달 방식, 그리고 주주 및 경영구조에서 차이가 있습니다. 부동산 1인 투자 법인을 설립할 때는 이러한 차이점을 잘 이해하고, 어떤 형태가 적합한지를 선택하는 것이 중요합니다. 다음은 각 법인 형태의 주요 특징입니다

① 주식회사

주식회사Stock Corporation는 주식을 나누어 발행하고, 주주는 발행된 주식을 보유함으로써 회사에 자본을 공여합니다. 주식회사는 주주의 책임이 주식 보유 한도 내에서 제한됩니다. 대규모 사업을 운영하거나 공개적으로 자금을 조달해야 할 때 적합합니다.

② 유한회사

유한회사Limited Company는 주주들의 책임이 한정되어 있어 개인 자산의 보호가 가능합니다. 자본금은 발행주식이 아닌 주주들의 자본 기여로 구성되어 주로 작은 규모의 사업이나 가족 운영 기업에 적합합니다.

③ 합명회사

합명회사General Partnership는 두 명 이상의 자연인 또는 법인이 결합하여 사업을 운영하며, 모든 회사원은 무제한의 법적 책임을 지닙니다. 회사원 간의 구체적인 법적 조합 방법에 대한 계약이 필요합니다.

④ 합자회사

합자회사Limited Partnership는 적어도 한 명의 한정된 파트너와 한 명 이상의 일반 파트너로 구성됩니다. 한정 파트너는 사업운영에 대한 책임을 제한하지만, 일반 파트너는 무제한의 법적 책임을 지닙니다.

⑤ 유한책임회사

유한책임회사Limited Liability Company, LLC는 구성원들이 출자한 자본금 한도 내에서만 책임을 지며 개인 자산은 회사의 부채나 법적문제로부터 보호됩니다. 주식회사에 비해 법적 요구사항이 적으며 운영이 간편하다는 특징이 있습니다.

이와 같이 다양한 종류의 법인이 존재하지만, 부동산 투자에 적합한 법인의 형태는 주식회사와 유한회사로 대표됩니다. 투자자들은 자신의 투자 목적과 자본 규모, 경영 전략에 맞춰 적합한 법인 형태를 신중히 선택해야 합니다.

최근에는 소규모 1인 법인을 설립하여 부동산 투자를 하는 사례가 점점 늘어나고 있으며, 많은 연예인들과 유명인들이 이러한 방식을 통해 빌딩을 구매하는 경우도 증가하고 있습니다. 이러한 흐름은 법인을 통한 세금 절감, 자산 보호 등 다양한 장점을 극대화하는 전략의 일환입니다.

법인 설립을 위한
준비 단계

주식회사로 법인을 설립할지 유한회사로 법인을 설립할지 결정했다면 이제 본격적인 법인 설립 준비 단계에 들어가야 합니다. 법인을 설립하기 위해 필요한 사항들을 **빼놓지** 않고 준비하면서 법인을 설립하는 과정을 대비합니다.

① 법인의 종류

법인을 설립할 때 가장 먼저 결정해야 할 사항은 법인의 종류입니다. 앞서 설명했듯이 부동산 투자를 위해 선택할 수 있는 법인의 유형으로는 주식회사와 유한회사가 있습니다. 각 유형마다 각기 다

른 장단점이 있으니 법인의 목적과 운영 방향에 맞춰 법인의 유형
을 선택합니다.

② 상호

법인의 이름을 선정해야 합니다. 회사의 이미지에 맞는 중복되지
않는 상호명을 선택하는 것이 중요합니다.

③ 사업 목적

법인설립 시에 회사의 목적을 명확하게 설정해야 합니다. 부동산
과 관련된 임대나 매매 등 모든 사업의 내용을 넣을 수 있습니다.
이는 법인 설립서에 반영됩니다.

④ 본점 소재지

부동산 법인의 본점 소재지는 부동산 취득세 중과세와 관련이 있
음으로 잘 확인하여 선택해야 합니다. 수도권 과밀억제권역 내에
설립된 법인이 해당 지역 내의 부동산을 취득할 경우에는 취득세
가 중과세됩니다. 다만, 다음과 같은 경우에는 중과세에 해당이 되
지 않으니 참고 바랍니다.

- 법인 본점 소재지가 비과밀억제권역일 경우

- 법인설립이 5년 이상 경과한 경우

- 과밀억제권역이 아닌 지역의 부동산을 취득할 경우

⑤ 자본금

법인설립을 위한 자본금에는 제한이 없습니다. 상법 제329조에 따라 액면주식 1주의 금액이 100원 이상으로 하면 됩니다. 다만, 자본금이 부족하면 운영자금이 부족할 수 있으니 주의해야 합니다.

⑥ 주식의 종류 및 발행 수량

주식회사를 설립할 경우, 발행할 주식의 종류와 수량을 결정해야 합니다. 이는 주주 간에 지분과 투자 방식을 결정하는 중요한 요소입니다.

⑦ 주주 및 임원

법인 주주는 회사의 주요 투자자로써 법인의 주인입니다. 주주는 가족들을 중심으로 구성해도 됩니다. 가족이 주주가 되면 자금을 조달하는 것이 상대적으로 간편할 수 있습니다. 또한 배당을 받을 때도 세금 측면에서 유리할 수 있습니다. 회사의 운영과 책임을 질 이사회와 대표이사도 선임해야 합니다.

법인 설립의 절차

법인을 설립하는 과정은 여러 단계로 이루어져 있으며, 각 단계마다 주의해야 할 법적 절차와 서류 준비가 요구됩니다. 철저한 준비와 실행이 법인 설립의 성공을 좌우하기 때문에 단계별 절차를 명확히 이해하는 것이 중요합니다. 지금부터 법인 설립의 필수 절차들을 간략하게 살펴보겠습니다.

① 상호 및 목적 확인

가장 먼저 할 일은 법인의 상호가 기존 등록 상호와 중복되지 않는지 확인하는 것입니다. 중복된 상호는 사용할 수 없으므로 사전에

철저히 검토하고 사업 목적이 법적인 제약을 받지 않는지도 확인
합니다.

② 정관 작성

정관은 법인의 기본 규칙을 정하는 문서로 법인의 목적, 상호, 본점
소재지, 발행할 주식의 총수, 주식의 금액, 설립 시 발생 주식의 총
수 등을 포함합니다. 주식회사 설립 시에는 정관을 공증받아야 하
며, 유한회사의 경우에는 정관 공증이 필수는 아니지만 만약을 대
비하여 공증을 받는 것을 추천합니다.

③ 주식 인수 및 납입

발기인이 주식을 인수하고 주식 대금을 지정된 은행 계좌에 입금해
야 합니다. 자본금은 법인 설립의 기초가 되는 중요한 요소입니다.

④ 창립총회 개최

주식회사의 경우 필수 절차로 이사와 감사의 선임, 정관 승인 등의
의결 사항을 다루는 창립총회를 개최합니다.

⑤ 법인 등기 신청

법인 등기소에 법인 설립 등기를 신청합니다. 등기 신청을 위해 필요한 서류는 다음과 같습니다.

- 정관
- 주식 인수 확인서
- 주식 대금 납입증명서
- 발기인 및 이사, 감사의 인감증명서
- 주주 명부
- 창립총회 회의록
- 이사회 의사록(초대 이사 선임 관련)
- 법인 인감 도장 및 인감증명서

⑥ 사업자등록

법인 설립 등기 후 관할 세무서에 사업자등록을 신청합니다. 사업자등록을 위해 필요한 서류는 다음과 같습니다.

- 법인설립 등기부 등본

- 법인 인감증명서

- 정관 사본

- 임대차 계약서 사본

- 대표자 주민등록증 사본

이 절차들을 순서대로 밟아나가면 문제없이 법인을 설립할 수 있습니다.

법인 설립은 직접 할 수도 있지만, 법무사를 통해 진행하는 것이 더 일반적입니다. 최근에는 셀프 법인 설립에 대한 정보가 많아 혼자서도 가능하지만, 절차가 복잡하고 시간이 많이 소요될 수 있습니다. 법무사는 주로 다음과 같은 업무를 대행하며, 법인 설립 과정을 보다 간편하게 처리해줍니다.

- 정관 작성 및 공증

- 주식 인수 및 납입 대행

- 법인 등기 신청

- 사업자등록 신청

3장

대출을 알면
투자가
쉬워진다

내가 놓친 대출,
지금 확인해보자!

많은 사람들이 건물주를 꿈꾸지만, 대부분은 자금이 부족하다는

이유로 그 꿈을 포기합니다. 저 역시 주변에서 건물주가 되고 싶어

하는 사람들을 많이 봐왔습니다. 만약 여유 자금이 없고 실거주 중

인 주택만 하나뿐이라면 건물주가 되는 것이 불가능할까요?

사실 제가 처음 꼬마빌딩을 매수했을 때도 같은 상황이었습니다.

실거주하는 아파트가 한 채 있었을 뿐이고 다른 여유 투자금은 없

는 상태였습니다. 그러나 저는 건물주가 되고 싶었습니다. 그래서

대출을 받을 수 있는 나도 모르는 방법이 없을까 열심히 알아보기

시작했습니다.

투자는 자기자본만으로 시작하기 어려운 경우가 많습니다. 예전 우리 부모님 세대에서는 빚을 지는 것을 매우 꺼리고, 저축을 통해 자산을 늘리는 방식이 일반적이었죠. 대출은 위험하고 피해야 할 것으로 여겨졌습니다. 하지만 부동산 투자에서는 대출이 필수불가결한 요소입니다.

부동산 투자는 대부분 큰 금액의 자본이 필요하기 때문입니다. 대출을 잘 활용한다면 적은 투자금으로도 부동산 구매가 가능하고, 레버리지 효과로 투자의 수익률을 극대화하는 데 도움을 받을 수 있습니다. 대부분의 자산가들이 자기자본금뿐만 아니라 대출을 일으켜 투자하는 이유입니다.

그렇다면 어떻게 대출을 받을 수 있을까요?

많은 분들이 대출을 받을 때 무작정 인근 은행에 방문하면 된다고 생각하지만, 대출의 종류가 다양하고 은행마다 제공하는 상품과 조건이 다르기 때문에 조금 더 전략적으로 접근하는 것이 필요합니다. 특히, 신용대출의 경우에는 주거래 은행에서 받는 것이 한도나 금리 측면에서 유리할 수 있지만, 부동산 대출의 경우에는 여러 은행을 비교하는 것이 유리할 때가 많습니다.

유주택자는 실거주 주택을 담보로 후순위 대출을 받을 수 있으며, 이 대출의 한도는 보통 KB시세의 80퍼센트까지 가능합니다. 주택 담보대출 전문 대출상담사를 활용하면 빠르고 간편하게 대출을 진행할 수 있습니다. 대출상담사는 다양한 은행의 상품을 비교해 조건에 맞는 최적의 대출을 추천해주기 때문에, 직접 여러 은행을 방문할 필요가 없습니다.

또한 토스뱅크와 뱅크몰 같은 플랫폼을 통해서도 대출 정보를 간편하게 비교하고 신청할 수 있습니다. 이들 플랫폼은 사용자의 상황에 맞는 대출 상품을 추천하며, 여러 은행의 조건을 한눈에 확인할 수 있게 해줍니다. 토스뱅크는 자동으로 대출한도와 금리를 계산해주고, 뱅크몰은 대출상담사와 연결해 맞춤형 상담을 받을 수 있는 것이 특징입니다. 이러한 서비스를 활용하면 시간을 절약하고, 대출 전략을 효율적으로 세울 수 있습니다.

더불어 우리가 흔히 간과하는 보험 대출도 고려해볼 만한 옵션입니다. 대부분 사람들은 종신보험, 암보험 등 한두 개씩 보험을 가지고 있으며, 직장인이라면 연금저축을 가입하고 있는 경우도 많습니다. 이러한 보험이나 연금저축을 담보로 대출을 받을 수 있다는 점을 잘 활용하면, 자금 마련에 유리할 수 있습니다. 보험 대출은 일반 대출과 달리 보험사에 전화 한 통만으로 간편하게 대출과 상환이 이루어지며, 절차도 매우 간단합니다.

또한 보험은 확실한 담보로 인정되기 때문에 일반 신용대출보다 금리가 훨씬 낮은 편입니다. 금리 면에서 유리한 조건을 갖추고 있어, 신용대출 대신 더 나은 선택이 될 수 있습니다. 특히, 자금 조달에 급한 상황에서 보험 대출을 활용하면, 빠르고 저렴하게 필요한 자금을 마련할 수 있는 장점이 있습니다. 보험사마다 대출한도와 금리가 다르기 때문에, 먼저 보험사에 문의하여 조건을 확인한 후 적절한 대출을 선택하는 것이 중요합니다.

예상하지 못한
변수에 대비하라!

지금까지 자신이 보유한 자산을 활용하여 받을 수 있는 대출에 대해 알아봤습니다. 지금 시점에서 대출을 포함한 운용 가능한 금액의 규모가 확정되었다면, 해당 금액을 기반으로 구매할 수 있는 꼬마빌딩을 찾아봐야 합니다.

만약 운용 가능한 자기자본금이 10억 원이라면, 매수할 수 있는 꼬마빌딩은 20억 원에서 40억 원 선입니다. 현금 흐름이 양호하여 공격적으로 레버리지 효과를 기대한다면 40억 원대의 꼬마빌딩을 매수할 수 있고, 안정적인 투자를 선호한다면 대출 비중을 50퍼센트 정도로 잡고 20억 원대의 꼬마빌딩을 매수할 수도 있습니다.

대출의 비중은 본인의 투자 성향과 재무 상태에 따라 결정되는 것임으로 정답은 없습니다. 만약 매수하고자 하는 꼬마빌딩을 결정했다면, 꼬마빌딩의 매수를 위한 대출을 알아봐야 합니다. 이때 우리가 알아봐야 하는 대출의 종류는 크게 두 가지로 나뉩니다.

첫 번째는 구매할 꼬마빌딩을 담보로 하는 담보대출이고, 두 번째는 나머지 자금을 위한 신용대출입니다.

우선 구매할 꼬마빌딩에서 나올 수 있는 대출 금액을 은행에서 확인해봐야 합니다. 은행은 보통 감정평가법인에 해당 꼬마빌딩의 탁상감정가를 의뢰합니다. 탁상감정가란 감정평가사가 사무실이나 탁상에서 자산의 가치를 평가하고 결정하는 것을 의미합니다. 감정평가사는 공시지가나 주변의 최근 매매 사례, 사용 용도, 시장 상황 등을 감안하여 부동산 가격을 평가하고 감정가를 결정합니다. 현장 실사 없이 도출되는 약식감정이기 때문에 비용과 시간이 많이 필요하지 않아 부동산 거래 전 대출 여부 및 한도 산정을 위해 주로 사용됩니다.

여기서 주의할 점은 탁상 감정에서 나오는 한도는 정식 감정 이후에 나오는 한도와 다를 수 있다는 점입니다. 보통 꼬마빌딩을 매입할 때는 탁상 감정을 통한 대출한도를 기준으로 예산을 세우고 매매 계약 이후 정식 감정에 들어가게 됩니다.

은행에서는 감정평가법인에 감정평가를 의뢰하는데 정식 감정은 시간과 비용이 소요되기 때문에 보통 매매 계약 이후에 진행됩니다. 그래서 우리는 매매 계약 전에 정확한 대출 금액을 알 수 없습니다.

이 내용을 말씀드리는 이유는 사실 제가 이 같은 은행의 대출 프로세스를 간과했다가, 꼬마빌딩 2호 매입 당시에 곤혹을 치렀던 경험이 있기 때문입니다. 꼬마빌딩 1호 거래 시에는 탁상 감정과 정식 감정을 통한 대출한도가 같았기 때문에 큰 문제가 없었습니다. 그러나 문제는 꼬마빌딩 2호를 매입할 때 발생했습니다.

당시 탁상감정가를 기반으로 나온 대출한도를 믿고 타이트하게 자금 계획을 세워서 계약을 진행했는데, 막상 정식 감정을 받고 보니 예상했던 대출한도가 줄었던 것입니다. 저는 아무 문제 없을 것이라는 은행 직원을 말을 믿고 계약을 진행했고, 잔금일은 한 달 밖에 남지 않은 상황이었습니다.

예상했던 대출한도가 안 나온다는 것은 잔금을 치를 수 없다는 것이고, 최악의 상황에는 계약파기까지 갈 수 있다는 것을 의미합니다. 지금 다시 생각해도 아찔한 상황이네요. 예상치 못했던 일이라 너무 당황스러웠지만 저는 어쨌든 이 문제를 해결해야 했습니다. 은행 직원에게 항의해도 소용없는 일이었습니다. 급하게 그동안 알아보았던 다른 은행들에 대출을 알아보기 시작했습니다. 다행히 한 곳에서 제가 필요한 금액의 대출이 가능하다는 연락을 받을 수 있었습니다.

대출서류에 서명하기까지 걸린 한 달이 마치 1년 같았던 시기였습니다. 꼬마빌딩 투자는 투자 단위가 커서 갑자기 생각지 못한 일이 발생하면 주변의 도움으로 간단하게 해결하기가 쉽지 않습니다. 그래서 더욱 당황스러울 수밖에 없죠.
이렇듯 탁상 감정과 정식 감정 사이에는 대출한도와 대출금리의 차이가 발생할 수 있습니다. 탁상감정가는 참고용으로만 삼고 정식감정가가 나왔을 때 발생할 문제에 대해서도 미리 준비하고 있어야 합니다.

담보대출의 한도가 결정되고 추가 대출이 필요한 경우에는 신용대출을 추가하여 한도를 증액할 수 있습니다. 법인의 경우에는 대표자의 신용도와 소득에 따라 대출한도와 대출금리가 달라질 수 있습니다.

그렇기 때문에 조금 더 유리한 대출 조건을 위해서는 대출을 받기 전에 대표자의 신용을 관리해놓는 것이 좋습니다. 참고로 신용평가에서는 대표자가 전문직이거나 대기업 직장인의 경우라면 등급이 높게 평가되어 좀 더 유리한 금리와 대출조건을 제공받을 수 있습니다.

단계별 대출 과정
완전 정복!

꼬마빌딩 투자를 위한 대출 절차는 어떻게 진행될까요? 지금까지 대출에 대해 간단히 언급했지만, 이제는 대출 과정의 단계를 하나씩 정리해보겠습니다.

① 대출 신청 및 사전 승인

꼬마빌딩을 매수하려면 먼저 금융기관에 대출 신청을 해야 합니다. 이때 신청자는 자신의 신용 평가, 재정 상태, 소득 등을 금융기관에 제출해야 합니다. 금융기관은 이를 바탕으로 신청자의 신용도를 평가하고, 대출이 가능할지 여부를 사전에 승인합니다. 이 과정에서 대출한도와 조건이 대략적으로 결정되므로, 꼼꼼히 준비하는 것이 중요합니다.

② 부동산 평가

대출을 받기 위해서는 일반적으로 부동산 평가를 필요로 합니다. 감정평가사는 부동산의 현재 시장가치를 평가하고, 이 평가는 대출 승인과 밀접한 관계를 갖습니다. 부동산 평가는 일반적으로 은행이나 대출을 제공하는 금융기관에서 요청하며, 감정평가사가 해당 부동산의 시장가치를 평가한 후 금융기관에서 대출한도를 설정합니다.

③ 대출 승인

부동산 평가가 끝나면, 금융기관은 신청자의 신용 상태, 재정 상황, 그리고 부동산의 시장가치를 종합적으로 검토하여 대출 승인 여부를 결정합니다. 이 단계에서 대출 금액, 금리, 상환 조건 등이 최종 확정됩니다.

④ 계약 체결

대출 심사가 완료되면 금융기관은 대출 승인을 공식적으로 통보하고 대출 계약을 체결합니다. 이때 대출약정서에 포함된 대출금 상환 계획과 관련된 모든 조건을 명확하게 이해하고 서명하는 것이 중요합니다.

⑤ 대출금 지급 및 부동산 매매 완료

대출 계약이 체결된 후, 금융기관은 잔금 지급일에 맞춰 대출금을 매도인에게 직접 송금합니다. 이로써 부동산 매매 절차가 마무리되고, 매수자는 꼬마빌딩의 소유권을 취득하게 됩니다. 대출을 받은 매수자는 이후 정해진 상환 일정에 따라 대출금을 갚아 나가며, 매입한 건물의 임대수익이나 기타 수익을 활용해 대출 상환을 진행하게 됩니다.

꼭 챙겨야 할
대출 서류 리스트 총정리!

법인으로 꼬마빌딩 매매를 위한 담보대출을 신청할 때는 개인 대출을 실행할 때보다 관련 서류가 더 복잡하기 때문에 철저한 준비가 필요합니다. 저 역시 처음 꼬마빌딩 1호를 구매할 때 대출을 받기 위해 은행에서 받은 서류 리스트를 보고 어디서부터 어떻게 준비해야 할지 막막했던 경험이 있습니다.

법인 대출을 신청할 때 금융기관에서 요구하는 서류는 대체로 비슷하지만, 세부적으로는 은행마다 다를 수 있기 때문에 반드시 대출 상담을 통해 필요한 서류를 정확히 확인하는 것이 중요합니다.

다음은 법인 대출을 위해 일반적으로 요구되는 서류 목록입니다.

▼ 담보대출 준비서류

구분	준비서류	비고	수량
1	신분증		
2	인감도장		
3	인감증명서	본인 발급분	2부
4	주민등록등본		
5	주민등록초본	과거 주소지 포함	2부
6	가족관계증명서		
7	국세완납증명서		2부
8	지방세완납증명서 신탁등기용	기타란에 담보물건 주소를 기재	3부
9	사업자등록증명원	또는 사업자등록증	
10	소득금액증명원	최근 년도 2개년	
11	지방세 세목별 과세증명서	목록 포함	
12	등기권리증		
13	주소별 전액세대 열람내역	담보물	
14	상가별 임대차현황서	세무서	
15	임대차계약서		
16	법인등기사항전부증명서	말소사항 포함	
17	정관 또는 규약		
18	법인 인감증명서	법인 인감도장 포함	3부
19	총회 또는 이사회회의록 사본		
20	표준재무제표 증명원	최근 년도 3개년, 세무사	
21	부가세 과세표준증명원		
22	원천징수 이행상황 신고서 사본	세무서 제출분	
23	대표자 이력서		
24	주주명부		
25	법인명판		

법인 대출은 기업의 신용 능력, 재무 상태, 대출 목적 등 여러 가지 요소들을 기반으로 회사의 등급을 나눠 대출한도와 대출금리가 결정됩니다. 특히, 법인의 재무제표는 대출 심사에서 매우 중요한 평가 기준으로 작용하며, 이를 바탕으로 기업의 재정 건전성과 상환 능력을 판단합니다. 그렇기 때문에 법인의 수익성, 부채 비율, 현금 흐름 등이 양호한 상태인지 확인하고 법인의 신용등급을 잘 관리해야 합니다.

법인의 신용등급은 대출 심사에서 중요한 평가 요소로 작용하며, 신용등급이 높을수록 더 많은 대출한도와 낮은 금리를 제공받을 수 있습니다. 반대로 신용등급이 낮다면 대출 조건이 불리해지거나 대출 승인이 거절될 수도 있습니다.

따라서 대출 신청 전에 법인의 신용등급을 개선해 두는 것이 좋습니다. 또한 대표자의 개인 신용도에 따라서도 대출 조건이 달라질 수 있으므로 이를 잘 관리하는 것도 중요합니다.

이와 같이 법인 대출은 여러 가지 복잡한 절차가 수반되지만, 대출 전에 철저한 준비와 재무관리가 이루어진다면 좋은 조건으로 대출을 받을 수 있을 것입니다.

대출의 마법, 레버리지로
자산을 키우는 방법!

대출은 부동산 투자에 있어 강력한 도구입니다. 하지만 많은 사람들이 대출에 대한 막연한 두려움을 가지고 있습니다. 대출을 빚으로만 생각하기 때문이며, 부담을 느끼고 위험하다고만 생각하기 때문입니다. 그러나 대출을 올바르게 활용하면 레버리지라는 개념을 통해 적은 자본으로도 더 큰 자산을 소유할 수 있는 기회를 얻을 수 있습니다.

레버리지leverage란 마치 '지렛대'를 활용하는 것처럼, 적은 자본으로 더 큰 자산을 소유하거나 더 큰 수익을 얻는 방법을 말합니다.

부동산 투자에서의 레버리지는 대출을 활용하여 자신이 보유한 자본보다 더 큰 금액을 투자할 수 있게 도와줍니다.

즉, 본인의 자본만으로 살 수 없는 부동산을 은행에서 돈을 빌려 구입하고, 이후 부동산 가치 상승이나 임대 수입 등을 통해 수익을 낼 수 있게 해줍니다. 그래서 부동산 투자를 통해 부를 확장하려고 한다면 대출은 필수불가결한 요소입니다.

다음 사례는 대출의 레버리지 효과를 보여줍니다.

A 꼬마빌딩 정보

· 매매가 : 9억 원
· 임차현황 : 보증금 2,500만 원/월세 220만 원

매매가 9억 원의 꼬마빌딩을 매입할 경우 대출을 70퍼센트까지 받는다면 자기자본금은 2억 9,450만 원이 필요하고 30퍼센트만 받을 경우에는 자기자본금이 6억 5,450만 원이 필요합니다. 이는 꼬마빌딩 매입 시에 발생하는 취득세와 중개수수료, 임차인의 보증금이 포함된 금액입니다.

1. 대출 70퍼센트		2. 대출 30퍼센트	
매수가	9억 원	매수가	9억 원
취득세 (4.6퍼센트)	4,140만 원	취득세 (4.6퍼센트)	4,140만 원
중개수수료 (0.9퍼센트)	810만 원	중개수수료 (0.9퍼센트)	810만 원
총액	9억 4,950만 원	**총액**	9억 4,950만 원
대출 (70퍼센트)	6억 3,000만 원	**대출 (30퍼센트)**	2억 7,000만 원
보증금	2,500만 원	보증금	2,500만 원
자기자본금 (총액-대출금-보증금)	2억 9,450만 원	자기자본금 (총액-대출금-보증금)	6억 5,450만 원

그렇다면 이 꼬마빌딩들의 임대수익률은 어떻게 될까요?

임대수익률이란 부동산 투자에서 얻는 임대수익을 투자 금액에 대비하여 측정한 비율을 말합니다. 쉽게 말해서 부동산을 통해 얼마나 많은 임대수익을 얻고 있는지를 보여주는 지표입니다.

- **수익률**=[(월임대료×12개월)÷(매매가격-임대보증금)]×100

- **3.02퍼센트**=[(220만 원×12)÷(9억 원-2,500만 원)]×100

즉, 두 꼬마빌딩의 임대수익률은 3.02퍼센트입니다.

만약 우리가 해당 꼬마빌딩을 1년 후에 20퍼센트 오른 금액인 10억 8천만 원에 매도한다면 투자 수익률은 어떻게 될까요?

- **투자 수익률** : 수익÷투자금

- **케이스 1** : 1억 3,050만 원÷2억 9,450만 원×100=44퍼센트

- **케이스 2** : 1억 3,050만 원÷6억 5,450만 원×100=20퍼센트

즉, 70퍼센트의 대출을 받아 투자금이 2억 9,450만 원 경우에는 투자수익률은 44퍼센트가 되고, 30퍼센트의 대출을 받아 투자금이 6억 5,450만 원 경우의 투자수익률은 20퍼센트입니다. 이와 같이 대출은 더 적은 자본금으로 더 큰 수익을 낼 수 있는 기회를 제공합니다.

1. 대출 70퍼센트		2. 대출 30퍼센트	
자기자본금	2억 9,450만 원	자기자본금	6억 5,450만 원
매도가	10억 8,000만 원	매도가	10억 8,000만 원
시세차익	1억 3,050만 원	시세차익	1억 3,050만 원
수익률	44퍼센트	수익률	20퍼센트

그러나 대출에 대한 이자를 매달 지불해야 하므로 임대료 수익률이 낮거나 금리가 높을 경우에는 부담이 커질 수 있습니다. 이와 같이 부동산 투자에서 레버리지는 수익을 극대화할 수 있는 아주 중요한 수단이지만 잘못 이용하면 손실도 확대될 수 있으므로 리스크 관리가 중요합니다.

따라서 철저한 수익성 분석을 통해 리스크를 관리하면서 레버리지를 최대한 효과적으로 활용하는 것이 성공적인 투자의 주춧돌이 될 수 있습니다.

4장

발 빠른 투자자가
성공한다!
매물 찾는 투자 꿀팁

성공 투자의 필수 요소,
왜 지역 분석이 중요한가?

꼬마빌딩 투자에서 중요한 첫걸음은 적절한 입지를 선택하는 것입니다. 내가 익숙한 지역에 투자하는 것도 한 방법이지만, 투자의 목적에 부합하는 최적의 지역을 찾아 투자하는 것이 더 현명합니다.

부동산 가치의 핵심은 입지에 달려있기 때문에 좋은 입지를 선별하는 과정은 매우 중요합니다. 입지가 좋을수록 부동산의 가치 상승 가능성이 높고, 나중에 매각할 때도 환금성이 뛰어납니다. 그렇다면 과연 어떤 입지가 '좋은 입지'라고 할 수 있을까요?

입지의 조건을 제대로 분석하는 것이 성공적인 꼬마빌딩 투자의 출발점입니다.

① 교통 인프라

지하철역과 버스정류장 등 주요 대중교통을 편리하게 이용할 수 있는 지역은 항상 유동인구가 많습니다. 그렇기 때문에 이와 같은 대중교통의 접근성은 부동산 가치와 임대수익에 직접적인 영향을 미치는 중요한 요소입니다.

② 상권 인프라

주요 상권과 인접한 지역에서는 상업활동이 활발하게 이루어집니다. 예를 들어, 강남역을 생각해봅시다. 강남역에는 패션, 뷰티, 병원, F&B 등 다양한 업종이 밀집해 있어서 다양한 소비층을 끌어당기고 있는 대표적인 주 7일 상권입니다. 따라서 이와 같은 주요 상권에 인접한 지역은 고객의 접근성이 뛰어나 임대 수요가 높기 때문에 상업적 가치를 높일 수 있습니다.

③ 지역 개발계획

정부 및 지자체의 개발계획이 있는 지역은 향후 부동산 가치가 상승할 가능성이 높습니다. 예를 들어, 용산국제업무지구와 용산공원의 개발이 진행 중인 용산 지역은 개발계획이 마무리되는 시점에 주변 인프라가 확충되고 다양한 발전이 있을 것으로 기대됩니다. 이와 같은 개발계획은 주변 환경의 편리성을 높이기 때문에 향후 부동산 가치의 상승을 기대할 수 있습니다.

꼬마빌딩에 투자하는 목적은 다양하겠지만 결국 공통적으로 원하는 것은 내가 매입한 꼬마빌딩의 가치가 상승하고 높은 임대수익을 올리는 것입니다. 이와 같은 목적을 달성하기 위해서는 앞에서 언급한 내용을 포함하여 다양한 요소들을 종합적으로 고려하여 지역 분석 및 입지 분석을 해야 합니다.

확실한 투자, 실패 없는 지역 선택 가이드!

저는 영등포구 신길동에서 태어나서 20년 넘게 살았습니다. 아버지께서 작은 공장을 운영하고 계셔서 부자는 아니어도 경제적으로 큰 어려움은 없었습니다. 당시 주변에는 전세 사는 친구들도 많았는데 저희 집은 자가여서 중상층이라고 생각하며 살았습니다.

그렇게 한 동네에서 쭉 살다가 대학에 진학해보니 다양한 동네에서 온 친구들이 많았습니다. 강남에서 온 친구도, 분당에서 온 친구도 있었습니다. 신길동에서만 살았던 저는 강남이 어디인지, 분당이 어디인지 정확하게 몰랐습니다. 자연스럽게 제가 살던 익숙한 동네 중심으로 생활하다 보니 더 넓은 세상이나 다른 지역을 잘 몰랐습니다. 한마디로 '우물 안 개구리'였던 거죠.

부동산 투자 지역을 선정할 때 잘 아는 지역에 하면 좋다고 합니다. 그렇다면 제가 오래 살았던 신길동 지역에 투자하는 것이 투자적 측면에서 꼭 좋은 것일까요?

다음 예시를 통하여 확인해보겠습니다.

영등포구 신길동에 위치한 A아파트와 서초구 잠원동에 위치한 B 아파트를 비교해 보겠습니다. A아파트는 700세대, B아파트는 400세대로 두 아파트 모두 1980년 중반에 지어져 재건축이 진행 중인 아파트입니다.

2006년 기준 A아파트 102㎡(31평형)의 가격은 3억 원 정도, B아파트 51㎡(17평형)의 가격은 3.5억 원 정도였습니다. 그리고 2024년 현재 최고 실거래가를 비교해보면 A아파트는 12억 원, B아파트는 20억 원입니다. 2006년 당시 5천만 원의 차이가 18년이 지난 2024년 8억 원의 차이로 벌어졌습니다. 수익률로 계산해보면 A아파트는 343퍼센트, B 아파트는 667퍼센트로 거의 2배 차이가 나네요.

06년 1월 ~ 24년 9월

| 매매 | 전세 | 월세 | 건수 |

▲ 신길동 vs 잠원동 아파트 시세 추이

만약 여러분이 두 아파트 중 하나를 선택할 수 있다면 어느 지역 아파트에 투자하겠습니까? 저는 단연코 B아파트에 투자할 것 같습니다. 결코 신길동을 폄하하는 것은 아닙니다. 신길동은 저의 고향으로 그 당시 어떤 부족함도 못 느끼며 살기 좋았던 동네입니다. 그러나 투자 측면에서는 다릅니다.

부동산 투자를 위한 입지 선정에 있어서 나에게 익숙한 지역, 내가 살았던 동네보다는 남들이 살고 싶어 하는 지역, 남들이 사고 싶어 하는 지역을 선택하는 것이 안전합니다. 여기서 남들이 살고 싶은 지역은 다음과 같은 사이클로 돌아갑니다.

① 실거래가 많이 일어남

실제 거래가 자주 발생하는 지역은 투자자와 실수요자 모두에게 매력적입니다. 활발한 거래는 지역의 인기도를 반영하며, 부동산의 유동성이 높다는 의미입니다.

② 실거래가 주변 시세에 반영됨

실거래가 많으면 주변 시세도 자연스럽게 상승합니다. 부동산 소유주들은 가격 상승에 대한 기대감으로 매물을 보유하려는 경향이 있어, 시세는 지속적으로 상승 압력을 받습니다.

③ 주변 시세가 공시지가에 반영됨

주변 시세가 실거래로 이어지면 공시지가도 상승하게 됩니다. 이는 지역의 부동산 가치를 높이고, 투자 매력도를 높이는 중요한 요소가 됩니다.

④ 감정평가액 증가로 이어짐

과세 등의 기준이 되는 공시지가의 상승은 부동산 감정평가액 증가로 이어지며, 이는 해당 지역 부동산의 자산가치가 높게 평가받는 결과를 가져옵니다.

⑤ 대출한도 증가로 이어짐

부동산의 자산가치가 높아지면 대출 가능 금액도 증가하게 됩니다. 이는 매수자에게 보다 큰 자금동원 능력을 제공하여 매수 가능성을 높여줍니다.

⑥ 매수자에게 인기가 많아짐

대출한도가 높은 지역은 매수자들에게 더욱 매력적입니다. 이는 자금 마련이 용이해져 더 많은 매수자들이 해당 지역을 찾게 되고, 자연스럽게 인기 있는 투자처로 자리 잡게 됩니다.

⑦ 실거래가 더 많아짐

매수자들의 관심과 수요가 많아지면서 실제 거래량 역시 증가하게 됩니다. 이는 해당 지역 부동산 시장에 활력을 더하고 안정성을 보장하게 됩니다.

⑧ 환금성이 좋아짐

실거래가 많다는 것은 그만큼 부동산의 환금성이 뛰어나다는 뜻입니다. 필요할 때 자산을 신속하게 현금화할 수 있어, 투자자가 원할 때 부동산을 쉽게 매각할 수 있습니다.

이처럼 꼬마빌딩에 투자할 때 반드시 고려해야 할 중요한 요소 중 하나가 환금성입니다. 환금성이란 자산을 현금화할 수 있는 가능성을 의미하며, 필요할 때 꼬마빌딩을 신속하게 매각할 수 있는 능력을 말합니다. 즉, 시장에서 얼마나 빠르게 매각할 수 있는지를 보여주는 중요한 지표입니다.

그렇다면 환금성이 높은 지역을 어떻게 알 수 있을까요?
환금성은 실거래량을 통해 확인할 수 있습니다. 실거래량이 많다는 것은 그 지역의 부동산 시장이 활발하게 움직이고 있으며, 수요와 공급이 원활하게 이루어지고 있다는 뜻입니다. 따라서 실거래가 많이 발생하는 지역이 곧 환금성이 높은 지역이라 할 수 있습니다.

매일 거래되는 지역,
여기서 기회를 잡아라!

꼬마빌딩 투자를 고려할 때, 환금성이 높은 지역은 안정적인 수익을 기대할 수 있는 중요한 투자처입니다. 환금성이 뛰어난 지역일수록 자산을 필요할 때 신속하게 현금화할 수 있어, 리스크 관리에 유리합니다. 특히, 자산 규모가 큰 꼬마빌딩의 경우, 환금성이 낮으면 자산이 장기간 묶일 위험이 있기 때문에 더욱 신중한 접근이 필요합니다.

실거래가 활발하게 이루어지는 지역은 그만큼 투자자에게 기회를 제공하는 지역입니다. 결국 환금성이 높은 지역이 곧 투자 가치가

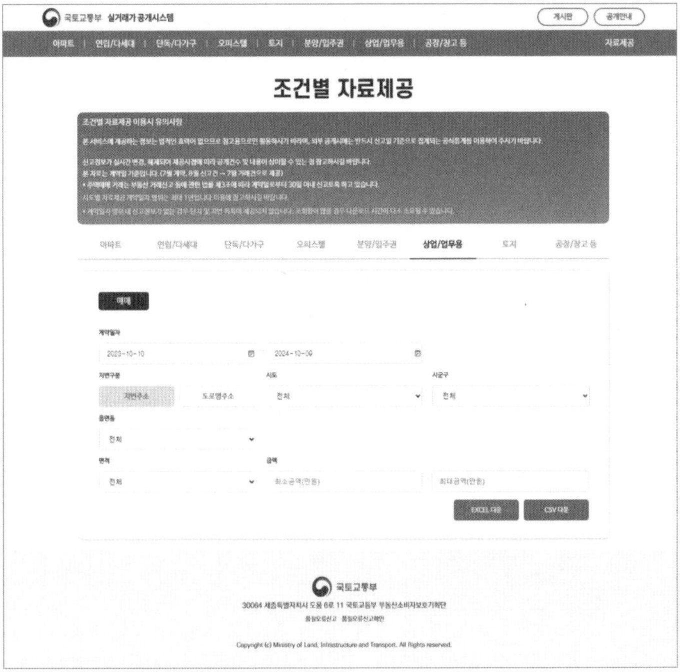

▲ 국토교통부 실거래가 공개시스템

높은 지역이 되는 것이죠.

그렇다면, 어디서 이러한 매물들을 찾아야 할까요?

① 국토교통부 실거래가 공개시스템

국토교통부에서는 부동산 거래의 투명성과 신뢰성을 높이기 위해 실거래가 공개시스템을 개발했습니다. 이를 통해 해당 지역 실거래가를 쉽고 편리하게 조회할 수 있습니다.

네이버에서 '국토교통부 실거래가 공개시스템'을 입력하면 홈페이지로 들어갈 수 있습니다.

다음 정보를 하나씩 입력하면 원하는 정보를 선별해 엑셀로 다운로드받아 분석해볼 수 있습니다.

- 기간 설정

- 상업/업무용 선택(아파트, 다세대, 빌라, 토지 등 모두 가능함)

- 원하는 지역 설정(시/도, 시/군/구 설정 가능)

만약 엑셀에 익숙하지 않거나 내용이 너무 방대해서 정리해놓은

□ 검색조건
계약일자 : 2023-10-10 ~ 2024-10-09
시도 : 서울특별시

실거래 구분 : 상업업무용(매매)
시군구 : 강남구
면적 : 전체

주소구
읍면동
금액선t

NO	시군구	유형	지번	도로명	용도지역	건축물주용도	도로조건	전용/연면적(㎡)	대지면적
1	서울특별시 강남구 신사동	일반	6**	도산대로37길	제2종일반주거	제2종근린생1	8m미만	306.80	130.90
2	서울특별시 강남구 신사동	일반	6**	논현로164길	제2종일반주거	제1종근린생1	8m미만	430.99	165.40
3	서울특별시 강남구 신사동	일반	5**	논현로163길	제2종일반주거	제2종근린생1	8m미만	868.77	237.60
4	서울특별시 강남구 신사동	일반	6**	압구정로48길	제3종일반주거	제2종근린생1	8m미만	2414.53	646.20
5	서울특별시 강남구 신사동	일반	6**	압구정로48길	제2종일반주거	제2종근린생1	8m미만	762.56	266.40
6	서울특별시 강남구 신사동	일반	5**	도산대로19길	제2종일반주거	제2종근린생1	8m미만	557.96	226.70
7	서울특별시 강남구 신사동	일반	6**	연주로174길	제3종일반주거	제2종근린생1	12m미만	1737.78	599.60
8	서울특별시 강남구 신사동	일반	6**	선릉로161길	제2종일반주거	제2종근린생1	8m미만	788.76	328.80
9	서울특별시 강남구 신사동	일반	6**	연주로168길	제2종일반주거	제1종근린생1	8m미만	170.69	228.60
10	서울특별시 강남구 신사동	일반	5**	도산대로1길	제3종일반주거	제2종근린생1	8m미만	880.14	281.70
11	서울특별시 강남구 신사동	일반	5**	논현로157길	제2종일반주거	제2종근린생1	12m미만	628.51	216.40
12	서울특								
13	서울특								
14	서울특								
15	서울특								
16	서울특								
17	서울특								
18	서울특								
19	서울특								
20	서울특								
21	서울특								
22	서울특								
23	서								
24	서울특								
25	서울특								
26	서울특								
27	서울특								
28	서울특								
29	서울특								
30	서울특								

매수자	매도자	계약년월	계약일	지분구분	건축년도	해제사유발생일	거래유형	중개사소재지
법인	개인	202409	27		2004	-	중개거래	서울 강남구
개인	개인	202409	27		2024	-	중개거래	서울 강남구
법인	개인	202409	13		1997	-	중개거래	서울 강남구
법인	개인	202409	06			-	직거래	-
법인	개인	202409	05		1992	-	중개거래	서울 강남구
법인	개인	202408	29		2021	-	중개거래	서울 강남구
법인	개인	202408	19		1985	-	중개거래	서울 서초구, 서울 영등포구
법인	법인	202408	16		2003	-	중개거래	서울 강남구
법인	개인	202408	13		1977	-	중개거래	서울 강남구
법인	법인	202408	09		2002	-	중개거래	서울 강남구
법인	개인	202408	04		1992	-	중개거래	서울 강남구
법인	법인	202407	24		1996	-	중개거래	서울 강남구
법인	법인	202407	24		1996	20240823	중개거래	서울 강남구
법인	개인	202407	19		2017	-	중개거래	서울 강남구
법인	법인	202407	17		2024	-	직거래	-
법인	법인	202407	17		2024	-	직거래	-
법인	법인	202407	17		2024	-	직거래	-
법인	법인	202407	17		2024	-	직거래	-
법인	법인	202407	17		2024	-	직거래	-
법인	법인	202407	17		2024	-	직거래	-
법인	법인	202407	17		2024	-	직거래	-
법인	법인	202407	16		1991	-	중개거래	서울 강남구
법인	법인	202407	11		1976	-	직거래	-
법인	법인	202407	02		1985	-	중개거래	서울 강남구
법인	개인	202406	28		2004	-	중개거래	서울 강남구
법인	법인	202406	27		2005	-	중개거래	서울 강남구
법인	법인	202406	19		2024	20240731	직거래	-

▲ 국토교통부 실거래가 공개시스템(엑셀 출력)

정보를 보고 싶다면 각종 은행 및 증권사에서 분석해놓은 자료를 찾아 활용하는 것도 좋은 방법입니다.

여기서는 제가 꼬마빌딩 1호와 꼬마빌딩 2호를 매입하기 위해 활용했던 2개의 사이트를 알려드리겠습니다.

② 부동산 플래닛

자체적인 빅데이터 및 AI를 기반으로 주택 및 상업용 빌딩 등 전국 모든 부동산의 매물과 상권정보, 통계까지 다양한 정보를 제공하는 부동산 플랫폼입니다.

부동산 플래닛에서는 상업용 마켓 리포트를 제공합니다. 부동산 플래닛 홈페이지에서 인사이드 탭을 클릭하고 마켓 리포트로 들어가면 원하는 정보를 얻을 수 있습니다.

기간별, 부동산별로 정리되어 있어 전반적인 시장 상황을 이해하기에 용이합니다. 처음 출시되었을 때는 무료였으나, 최근 유료로 전환되었으니 참고 바랍니다.

▲ 부동산 플래닛

③ 빌사남 블로그

'빌딩을 사랑하는 남자'라는 필명으로 활동하는 빌딩중개법인 대표의 블로그는 상업용 부동산에 관심 있는 사람들에게 유용한 정보를 제공하는 좋은 자료입니다.

저 역시 상업용 부동산 시장에 처음 발을 디딜 때 이 블로그에서 많은 도움을 받았습니다. 최근에는 유튜브 채널을 통해 영상으로도 유익한 정보를 전달하고 있으니, 이러한 채널을 적극적으로 활용하면 부동산 투자에 더욱 도움이 될 것입니다.

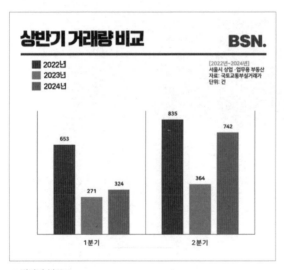

▲ 빌사남 블로그

2023년에 비해 2024년 거래량이 증가하였으며 1분기에 비해 2분기 거래량이 늘어난 것을 확인할 수 있습니다.

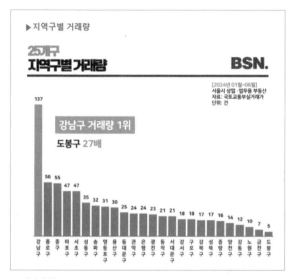

▲ 빌사남 블로그

거래량이 가장 많은 부동의 1위는 강남구이며 다른 구에 비해 월등히 높은 것을 확인할 수 있습니다. 즉, 강남구가 환금성이 좋다는 것을 의미합니다.

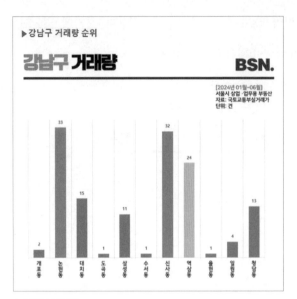

▶ 강남구 거래량 순위

강남구 거래량 BSN.

[2024년 01월~06월]
서울시 상업·업무용 부동산
자료: 국토교통부실거래가
단위: 건

▲ 빌사남 블로그

강남구 안에서도 논현동, 신사동, 역삼동의 거래가 많았고 개포동은 다른 지역에 비해서도 낮은 거래량을 보입니다. 즉, 같은 강남구라도 동마다 차이가 있으니 이 또한 확인해보아야 합니다.

강남구의 빌딩 가격은 높기 때문에 환금성이 좋다고 무조건 투자할 수는 없습니다. 내가 보유한 자본금에 맞추어 투자 지역을 정하고 그 안에서도 거래량이 많은 동을 찾아야 합니다.

그리고 이와 같은 자료들을 살펴볼 때는 최소한 분기별로 최근 1년치 이상을 확인하는 것이 좋습니다. 왜냐하면 꼬마빌딩이 위치한 상권의 흐름이 빠르게 바뀔 수 있기 때문입니다.

아파트도 마찬가지겠지만, 상업용 부동산은 상권에 매우 민감하게 반응합니다. 1990년대 최고의 상권 중에 하나였던 신촌과 이대 상권은 쇠락하고 연남동, 문래동, 성수동 등 새로운 상권이 뜨겁게 떠오르는 것을 보면 상권이 영원하지 않다는 것을 알 수 있습니다. 그러므로 우리는 평소에도 상권과 트렌드에 관심을 가져야 합니다.

단시간에 끝내는
스마트 매물 찾기 전략!

투자 지역을 선정한 다음에는 본격적으로 매물을 찾아야 할 단계에 접어듭니다. 주택을 매수할 때는 해당 지역의 부동산을 직접 방문하는 것이 일반적이지만, 꼬마빌딩이나 토지 매물을 찾을 때는 다소 어려움을 느끼는 분들이 많습니다.

실제로 제 주변에서도 "꼬마빌딩은 어디서 알아봐야 해요?"라는 질문을 자주 하곤 합니다. 주택과 달리 상업용 부동산이나 꼬마빌딩은 접근 경로가 다소 다르게 느껴지기 때문입니다.

꼬마빌딩 역시 지역 부동산을 방문하면 매물 정보를 충분히 받을 수 있지만, 최근에는 기술의 발달로 인해 굳이 직접 방문하지 않아도 온라인에서 많은 정보를 얻을 수 있게 되었습니다. 요즘 대세로 자리 잡은 것이 바로 프롭테크PropTech입니다. 프롭테크는 부동산 자산Property과 기술Technology을 결합한 개념으로, 인공지능AI, 빅데이터, 블록체인 등 IT 기술을 부동산 서비스에 적용한 것입니다. 이 기술을 통해 부동산 정보는 물론, 다양한 매물까지도 신속하게 제공받을 수 있게 된 것이죠.

프롭테크 기업들은 투자자들에게 유용한 부동산 정보를 제공하고, 매물 정보도 신속하게 제공하므로, 이러한 서비스들도 적극적으로 활용해보는 것이 좋습니다.

프롭테크 플랫폼으로는 네이버 부동산, 밸류맵, 디스코, 부동산 플래닛 등이 있습니다.

① 네이버 부동산

네이버 부동산은 부동산 투자에 관심 있는 사람들이 가장 많이 사용하는 앱 중 하나로 방대한 매물 정보를 제공합니다. 이 플랫폼은 사용자들이 지도 기능을 활용해 원하는 위치의 매물을 쉽게 검색할 수 있으며, 매물 유형, 가격, 면적 등의 다양한 필터를 통해 자신에게 맞는 부동산을 찾을 수 있습니다. 주거용부터 상업용까지 다양한 부동산 정보를 제공하기 때문에, 투자자뿐만 아니라 일반인들에게도 유용한 서비스로 자리 잡고 있습니다.

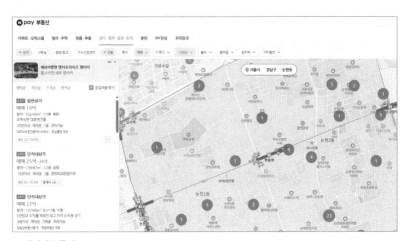

▲ 네이버 부동산

② 밸류맵

밸류맵은 누구나 쉽게 토지와 건물을 거래할 수 있도록 지원하는 대표적인 프롭테크 서비스로 전국 부동산의 실거래가와 매물 정보를 제공합니다. 사용자는 거래년도를 2년으로 설정하고, 총액 대신 단가를 선택하여 평당 거래내역을 확인할 수 있습니다.

이 기능을 통해 특정 지역의 실거래가를 평당 가격으로 확인하고, 현재 나와 있는 꼬마빌딩 매물의 평당 가격과 비교할 수 있습니다. 이를 통해 투자자는 매물의 가격이 합리적인지 판단하고 적정한 매입 결정을 내릴 수 있습니다.

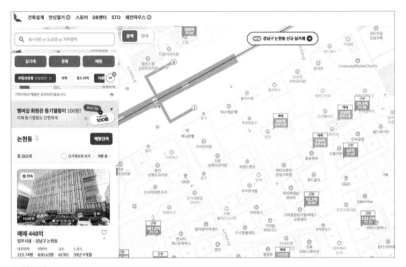

▲ 밸류맵

③ 디스코

디스코는 부동산 매물 정보를 제공하는 또 다른 프롭테크 서비스로 실거래가 조회는 물론 등기 열람, 주변 거래 사례까지 확인할 수 있는 종합적인 부동산 데이터 플랫폼입니다.

디스코는 총액과 단가로 매물을 검색할 수 있으며, 평단가 정보와 함께 다양한 매물 정보를 비교 분석할 수 있는 기능을 제공합니다. 이 서비스는 꼬마빌딩 매물의 시세를 명확하게 파악하고 시장 동향을 분석하는 데 유용합니다.

▲ 디스코

④ 부동산 플래닛

부동산 플래닛은 전국의 토지 및 건물 실거래가 정보와 함께 매물 정보를 제공하는 플랫폼으로 상업용 부동산 투자자에게 특히 유용합니다. 건물 노후도, 주거 및 상업용 매물 정보까지 확인할 수 있어, 상업용 부동산을 심도 있게 분석하고 매입할 수 있는 기회를 제공합니다.

또한 투자자가 설정한 조건에 맞는 꼬마빌딩 등의 매물을 추천해 주기 때문에 상업용 부동산 시장에 대한 이해를 높이는 데도 도움이 됩니다.

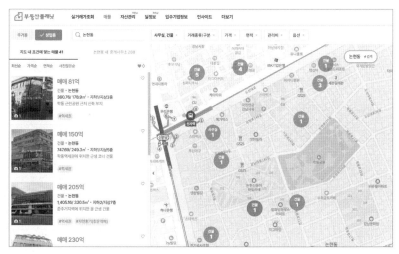

▲ 부동산 플래닛

⑤ 로컬 부동산

온라인 플랫폼을 통해 매물을 찾는 것도 좋지만, 로컬 부동산을 직접 방문하는 것도 여전히 중요한 전략입니다. 지역 부동산은 지역에 대한 깊이 있는 정보를 제공하며, 부동산마다 다루는 매물이 다르기 때문에 직접 발품을 팔아 다양한 부동산을 방문하는 것이 중요합니다.

투자 지역을 선정한 후에는 그 지역을 자주 방문하는 것이 좋습니다. 주택의 경우에는 매물 정보가 비교적 투명하게 공유되어 여러 부동산이 공동으로 중개하는 경우가 많지만, 상업용 부동산, 특히 꼬마빌딩 시장은 상황이 다릅니다. 이 시장은 아직도 제한된 정보만이 공유되는 '그들만의 리그'가 형성되어 있어, 좋은 매물일수록 정보를 공개하지 않고 특정 부동산에서만 취급하는 경우가 자주 발생합니다. 따라서 꼬마빌딩 투자에 있어서는 여러 부동산을 직접 방문해 매물 정보를 확보하는 과정이 매우 중요합니다.

⑥ 빌딩중개법인

빌딩중개법인은 말 그대로 상업용 부동산만을 전문으로 취급하는 중개법인입니다. 로컬 부동산에 비해 규모가 있다 보니 체계적인 시스템을 갖추고 있습니다. 직원들도 많아서 적극적인 방법으로 매물을 확보합니다. 매매 계약된 실거래가를 확인하고 등기부등본의 주소를 확인해서 건물주들에게 우편을 발송하는 방식으로 건물주들에게 매도 의향을 타진하고 매물을 확보합니다.

저도 꼬마빌딩 1호를 매수하고 얼마 안 되어 연락을 받은 적이 있습니다. 당장 매수할 사람이 있는 것처럼 우편을 보내서 설레었는데요. 당시가 부동산 활황기이기는 했지만 한 달도 안 되어서 매수자가 있다는 것이 신기할 따름이었습니다. 그러나 이후 빌딩중개법인에서 매물 확보를 위해 인기 있는 지역의 건물주들에게 모두 이런 연락을 한다는 사실을 알고 크게 실망한 적이 있습니다.

지금까지 말씀드린 것처럼 꼬마빌딩 매물 정보를 얻을 수 있는 채널은 의외로 다양합니다. 각각의 채널이 보유한 매물이 다르기 때문에 한 곳에만 의존하기보다는 최대한 다양한 경로를 활용해 매물 정보를 수집하는 것이 중요합니다.

특히, 상업용 부동산 시장은 주택용 부동산 시장과 달리 공동중개를 하지 않는 경우가 많고, 건물주들은 자신이 거래하는 특정 부동산에만 매물을 내놓는 경향이 있습니다. 따라서 여러 채널을 적극 활용해야만 보다 폭넓고 좋은 매물 정보를 얻을 수 있습니다.

5장

200억 자산가가 된 비결,
꼬마빌딩
이렇게 고른다!

돈 버는 꼬마빌딩의
3대 조건!

돈이 되는 꼬마빌딩, 즉 수익성을 극대화하기 위해서는 어떤 꼬마
빌딩을 선택해야 할까요?

성공적인 꼬마빌딩 투자를 위해서는 환금성, 수익성, 관리의 안정
성을 고려해야 합니다. 각각의 요소는 부동산 투자에 있어서 중요
한 역할을 하며, 성공적인 투자와 수익성을 극대화하기 위한 필수
적인 요건입니다.

① 환금성

환금성은 자산의 가치를 현금화할 수 있는 가능성으로 부동산을

얼마나 빠르게 현금화할 수 있는지를 뜻합니다. 즉, 부동산 시장에서 나의 꼬마빌딩이 얼마나 쉽게 팔릴 수 있는가를 말하는 지표입니다. 환금성이 높은 건물은 수요가 많고, 시장에서 거래가 활발하게 이루어지는 지역에 위치한 경우가 많습니다.

그래서 부동산을 선택할 때 가장 중요한 요소 중 하나가 입지입니다. 상업적으로 활성화된 지역의 꼬마빌딩은 투자자에게 매력적이며 매수 수요가 꾸준히 존재합니다. 이는 매도 시점에서 빠른 거래를 가능하게 합니다. 또한 교통이 편리한 지역도 주변 상권에 영향을 줄 수 있어 환금성을 높여줄 수 있습니다.

예를 들어, 서울의 강남구나 마포구처럼 상권이 활발하고 인구 밀집 지역에 위치한 꼬마빌딩은 환금성이 높습니다. 반면, 교통이 불편하거나 상권이 쇠퇴한 지역에 위치한 건물은 매수자가 적어 환금성이 떨어집니다.

따라서 우리는 상권과 교통을 기반으로 부동산 시장의 트렌드를 지속적으로 모니터링하여 수요가 높은 유형의 건물을 선택해야 합니다. 부동산 상승장에는 환금성이 낮은 꼬마빌딩도 거래가 될 수 있지만, 부동산 하락장에는 매도하고 싶어도 매도가 힘들 수 있으니 주의가 필요합니다.

② 수익성

꼬마빌딩 투자의 핵심은 안정적인 임대수익과 자산가치 상승을 통해 수익을 극대화하는 것입니다. 수익성을 보장하는 건물들은 대개 몇 가지 공통적인 특징을 가지고 있습니다.

- **우수한 입지** : 도심지나 상권이 발달한 지역, 교통이 편리한 곳에 위치한 꼬마빌딩은 수익성을 극대화할 수 있습니다. 유동인구가 많고 상업 활동이 활발한 지역일수록 임대 수요가 높아지며, 임대료도 안정적이고 지속적으로 받을 가능성이 큽니다.
- **다양한 용도의 활용성** : 다목적으로 사용이 가능한 건물은 수익성을 높일 수 있는 가능성이 큽니다. 상업용, 주거용, 사무실 용도로 유연하게 사용될 수 있는 꼬마빌딩은 여러 임차인을 유치할 수 있으며, 임대 공백기를 최소화할 수 있습니다.
- **안정적인 임차인 확보** : 안정적이고 신뢰할 수 있는 임차인을 보

유한 건물은 수익성을 높이는 중요한 요인입니다. 장기 계약을 맺은 임차인, 특히 신용도가 높은 기업이나 프랜차이즈 같은 상업용 임차인이 있을 경우 공실 위험이 줄어들고 임대수익이 안정적입니다.

- **양호한 건물 상태** : 건물 상태가 양호한 꼬마빌딩은 유지보수 비용이 적게 들고, 임대료를 더 높게 받을 수 있습니다. 오래된 건물이라도 리모델링을 통해 건물 가치를 높인 경우, 임차인에게 매력적인 공간을 제공해 수익성을 높일 수 있습니다.

- **자산가치 상승 가능성** : 개발계획이 있거나 인프라 확장 중인 지역에 있는 꼬마빌딩은 장기적으로 자산가치 상승을 기대할 수 있습니다. 해당 건물의 가치가 상승할 가능성이 크다는 것은 매각 시 큰 시세차익을 실현할 수 있다는 의미가 됩니다.

- **저렴한 운영비** : 수익성이 높은 꼬마빌딩은 운영비가 적게 드는 건물입니다. 관리비, 유지보수비, 세금 등 운영비용이 적으면 임대수익에서 나가는 비용이 줄어들어 순수익을 극대화할 수 있습니다. 따라서 초기 구매 시 이러한 비용들을 면밀히 분석하는 것이 중요합니다.

결론적으로 수익성이 높은 꼬마빌딩은 우수한 입지, 다양한 용도, 안정적인 임차인, 저렴한 운영비, 자산가치 상승 가능성 등 다양한 요소가 조화를 이루어 수익을 극대화합니다. 이러한 요소들을 꼼꼼히 분석하여 투자하면 높은 수익을 기대할 수 있습니다.

③ 관리의 안정성

관리의 안정성은 꼬마빌딩의 안전하고 법적인 운영을 보장하는 중요한 요소로, 건축법과 소방안전법 등 관련 법규를 철저히 준수하는 것을 뜻합니다.

꼬마빌딩을 매입하기 전에 불법 건축물이 있는지, 건물의 구조적 결함이나 대규모 수리가 필요한 부분이 없는지를 미리 확인하는 것이 필수적입니다. 불법 건축물은 철거 명령이나 벌금 같은 법적 제재를 받을 수 있으며, 소방안전 기준을 충족하지 못한 상태에서 발생하는 화재는 심각한 법적 책임을 야기할 수 있습니다.

지금까지 설명드린 3가지 요소, 즉 환금성, 수익성, 관리의 안정성은 사실 독립적인 요소가 아니라 서로 깊게 연결되어 있습니다. 따라서 각각의 요소를 꼼꼼히 살펴보는 것만큼, 이들이 서로 어떻게 영향을 주고받는지를 종합적으로 고려하는 것이 중요합니다.

꼬마빌딩을 매입하기 전에 이러한 점들을 충분히 분석하고 신중하게 판단해야 성공적인 투자를 이끌어낼 수 있습니다.

부동산 전문가처럼, 꼬마빌딩 평가를 위한 3가지 필수 전략!

부동산 시장에 매물로 나온 꼬마빌딩의 가치를 분석하여 수치화하는 것은 꼬마빌딩 투자에 있어서 매우 중요합니다. 이를 통해 매물의 실제 가치를 파악하여 합리적인 투자 전략을 세울 수 있기 때문입니다.

꼬마빌딩을 매입할 때, 은행은 대출한도를 설정하기 위해 감정평가사에게 건물의 가치를 평가하도록 의뢰합니다. 감정평가사들은 주로 비용성, 시장성, 수익성을 기준으로 다양한 방식과 절차를 통해 건물의 가치를 산정합니다.

꼬마빌딩 투자자도 이와 같은 감정평가 방법을 이해하고 활용하면 꼬마빌딩 투자를 보다 전략적으로 진행할 수 있습니다.

① 원가법(비용성)

원가법은 재조달원가에 감가상각을 적용하여 해당 부동산의 현재 가치를 산정하는 방법입니다. 재조달원가는 건물을 다시 건축하거나 재취득하는 데 필요한 모든 비용, 즉 인건비, 자재비 등을 포함한 비용의 총액을 의미합니다. 감가상각은 건물의 노후화, 사용 기간, 마모 상태 등을 반영하여 시간이 지나면서 재조달원가에서 차감되는 금액을 뜻합니다. 이를 통해 현재 시점에서 건물의 실질적인 가치를 평가하는 방식입니다.

예를 들어, 건축된 지 10년이 지난 건평 100평의 꼬마빌딩 매물이 있다고 가정해 보겠습니다. 10년 전 건축 당시에는 평당 건축비가 500만 원이었지만, 지금은 자재비와 인건비가 상승하여 현재 평당 건축비는 1,000만 원이 소요된다고 가정할 수 있습니다.

따라서 재조달원가는 현재 건물을 다시 짓는 비용을 반영하여 10억 원(100평×1,000만 원)이 됩니다. 그러나 건물이 10년 동안 사용되었기 때문에, 매년 3퍼센트씩 감가상각이 적용된다고 가정하면, 10년간 총 30퍼센트의 감가상각이 적용됩니다. 이로 인해 10억 원에서 3억 원을 차감한 현재 잔존가치는 7억 원이 됩니다.

이와 같은 방식으로 건물의 가치를 산정한 후, 토지의 가치는 거래사례 비교법(유사 토지의 실거래가)을 통해 산정합니다. 최종적으로 건물가치와 토지가치를 합산해 꼬마빌딩의 전체 가치를 평가하는 것이 원가법의 핵심입니다.

- **건물면적** : 100평
- **사용연수** : 10년
- **재조달원가** : 10억 원(100평×1,000만 원)
- **감가상각** : 3억 원(10억 원×10년×3퍼센트)
- **건물가치 : 7억 원(재조달원가-감가상각)**

② 거래사례 비교법(시장성)

거래사례 비교법이란 꼬마빌딩의 시장가치를 평가하기 위해 최근 거래된 유사한 꼬마빌딩의 실거래가를 비교하여 가치를 평가하는 방법입니다. 이 방식은 꼬마빌딩의 입지, 크기, 용도, 건축연도, 구조, 시설 상태 등이 최대한 유사한 건물을 선정하여, 해당 건물들의 매매가격을 분석하고 평가하는 데 중점을 둡니다.

예를 들어, 매물로 나온 꼬마빌딩의 인근 지역에서 최근 거래된 비슷한 꼬마빌딩이 A, B, C 3개가 있었다고 가정해 보겠습니다. 거래 사례 비교법을 통한 가치 분석에서는 이들 꼬마빌딩 A, B, C의 실거래가를 기준으로 매물로 나온 꼬마빌딩의 입지와 시설 등을 비교하여 가격을 조정한 이후, 조정된 평가 금액의 평균으로 해당 꼬마빌딩의 가격을 선정하는 것입니다.

- **꼬마빌딩 A** : 실거래가 20억 원→건물 위치가 약간 안쪽이므로 1억 원 하향 조정→19억 원

- **꼬마빌딩 B** : 실거래가 22억 원→엘리베이터 설치로 1억 원 상향 조정→23억 원

- **꼬마빌딩 C** : 실거래가 20억 원→매물과 위치 및 시설이 유사하므로 조정 없음→20억 원

- **평균 가격(비교 가치) : 20.7억 원**

이렇게 조정된 가격들을 평균하여, 평가하려는 꼬마빌딩의 시장가치는 20.7억 원으로 산정할 수 있습니다.

거래사례 비교법은 부동산 시장에서 실제 거래된 데이터를 바탕으로 가치를 평가하는 방법으로 현재 시장 상황을 반영하여 비교적 현실적인 숫자를 알려줄 수 있습니다.

③ 수익환원 평가법(수익성)

수익환원 평가법은 꼬마빌딩의 임대수익을 기준으로 그 가치를 평가하는 방법입니다. 즉, 해당 건물의 매매가 대비 임대료 수익률을 계산하여 꼬마빌딩의 가치를 산정하는 방식입니다. 이 방법은 주로 임대수익을 통해 투자금 대비 얼마나 효율적으로 수익을 창출할 수 있는지를 평가하는 데 중점을 둡니다.

- 임대수익률=(월세×12)÷(매매가-보증금)×100

예를 들어, 매매가가 10억 원인 꼬마빌딩이 있다고 가정해 봅시다. 이 건물은 임대보증금 3,000만 원에 월세 200만 원을 받고 있습니다. 이 경우, 건물의 임대수익률은 다음과 같이 계산됩니다.

・**임대수익률**=(200만 원×12)÷(10억 원-3,000만 원)×100=2.47퍼센트

즉, 이 꼬마빌딩의 임대수익률은 2.47퍼센트입니다.

수익환원 평가법을 이해하기 위해서는 요구수익률의 개념도 이해해야 합니다. 요구수익률이란, 투자자가 해당 부동산에 투자하기 위해 기대하는 최소한의 수익률을 의미하며, 투자 위험을 반영한 수익률을 뜻합니다.

・**요구수익률**=무위험률+위험할증률+예상된 인플레이션율

・**무위험률** : 장래의 수익이 확실한 경우의 수익률

・**위험할증률** : 투자에 따르는 위험에 대한 보상으로 요구되는 수익률

위험이 클수록 요구수익률도 높아지며, 무위험률은 대개 안전자산인 정기예금이나 국채수익률을 기준으로 설정됩니다. 예를 들어, 강남 지역의 요구수익률은 대략 2퍼센트, 용산·마포 지역은 3퍼센트, 기타 수도권 지역은 4퍼센트로 형성되어 있습니다. 이처럼 시장 상황과 금리에 따라 요구수익률은 변동될 수 있습니다.

투자자는 이 요구수익률을 바탕으로 임대수익을 분석하고, 투자할 건물의 수익성이 시장 요구를 충족할 수 있는지 평가합니다.

투자하려는 꼬마빌딩의 가치를 제대로 평가하기 위해서는 앞서 설명한 3가지의 평가 방식을 적절하게 활용해야 합니다. 꼬마빌딩의 종류와 특성에 따라 적합한 평가 방식으로 제대로 가치를 평가하고, 그에 따른 투자 전략을 세워야 합니다.

이러한 분석을 통해 꼬마빌딩 투자는 매물의 잠재적 수익성을 극대화하고 리스크를 최소화하는 방향으로 나아갈 수 있습니다.

성공적인 투자를 위한
프롭테크 플랫폼 활용법!

프롭테크 플랫폼들은 부동산 매물 검색뿐 아니라 가치 평가, 시장 분석, 과거 거래 이력 조회 등 다양한 기능을 제공하며, 이를 통해 투자자들은 더욱 효율적으로 매물의 가치를 판단할 수 있습니다. 다음은 주요 프롭테크 서비스들의 특징입니다.

① 랜드북

랜드북은 토지 및 건물 현황, 신축 분석, 가격 추정, 공시지가 추이, 소유 정보, 입지 정보 등을 종합적으로 제공해줍니다. 특히, 주목할 만한 기능은 AI 추정가로, 이는 투자하려는 지역의 실거래가와 원가법을 기반으로 건물과 토지의 가치를 추정해줍니다.

예를 들어, 매수하려는 꼬마빌딩의 매매가가 AI 추정가보다 낮다면 안정적인 투자로 판단할 수 있으며, 이를 통해 투자자들은 보다 합리적인 결정을 내릴 수 있습니다. 또한 랜드북은 주변의 실거래가와 매물 정보를 함께 제공해 더 나은 투자 기회를 탐색하는 데도 유용합니다. 이를 통해 꼬마빌딩 투자 시 위험을 줄이고 보다 효율적인 매물 분석이 가능합니다.

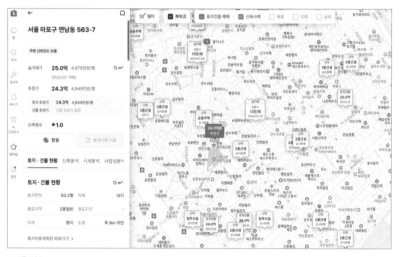

▲ 랜드북

② 부동산 플래닛

부동산 플래닛은 토지와 건물의 현황, 실거래가, 공시지가, AI 추정가 등 다양한 정보를 제공하는 플랫폼으로, 랜드북과 유사한 기능을 갖추고 있습니다. 그러나 연면적, 용적률 등 더 세부적인 건물 정보를 제공한다는 점에서 차별화됩니다. 이러한 세부 정보는 건물의 구조적 특성과 활용도를 평가하는 데 도움이 됩니다.

랜드북과 부동산 플래닛에서 제공하는 AI 추정가는 서로 다를 수 있으므로, 두 플랫폼을 서로 비교해서 평가해보는 것이 좋습니다.

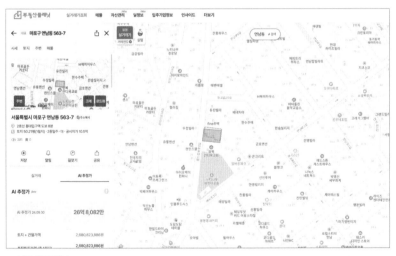

▲ 부동산 플래닛

③ 랜드바이저

랜드바이저는 태평양 감정평가법인에서 개발한 웹서비스로 AI 기반 추정가, 세금 정보, 탁상 감정 등 부동산 관련 다양한 데이터를 통합적으로 제공하는 서비스입니다. 이 서비스는 기술적 분석과 실무 데이터를 결합하여 부동산 가치평가와 투자 결정을 도와줍니다.

▲ 랜드바이저

회원가입을 하면 10,000포인트가 제공되며 시세조회에 1,000포인트, 탁상 감정에 2,000포인트가 차감됩니다. 만약 꼬마빌딩 투자를 위해 대출한도가 궁금하다면 랜드바이저의 탁상감정가를 확인해보는 것도 유용합니다. 또한 세금 및 취득비용(취득세, 중개수수료, 법무수수료, 국민주택채권할인)에 정보도 제공하니 꼬마빌 딩 매수 전에 참고하면 도움이 될 수 있습니다.

④ 오픈업

오픈업은 빅데이터를 기반으로 상권과 매장의 매출 정보를 제공하는 서비스입니다. 이 서비스는 부동산 투자자나 사업가에게 상권의 활성화 정도와 매장의 성과를 분석하여 제공하여 주기 때문에 투자를 결정하는데 유용합니다.

▲ 오픈업

오픈업에서 제공하는 상권분석 데이터를 확인하면 매장 매출이 많은 지역에 투자할 수 있어 높은 임대수익률을 기대할 수 있습니다. 또한 상권과 매장의 매출 정보를 통해서 임대가 잘 될지, 임대료는 안정적인지를 유추할 수 있습니다. 높은 임대수익률은 부동산 가치의 상승으로 이어지므로 꼬마빌딩 투자 결정을 내리는데 중요한 역할을 합니다.

해당 꼬마빌딩 매물은
과연 제값일까?

우리는 물건을 살 때 자연스럽게 가격을 확인하고, 그 가격이 적당한지 고민합니다. 작은 물건도 여러 가지를 비교하며 구매를 결정하는데, 수억 또는 수십억 원이 오가는 꼬마빌딩을 매입할 때는 그만큼 더 신중해야겠죠. 대규모 자산을 다루는 만큼 다양한 요인들을 고려해 가격이 적절한지 판단하는 과정이 필수입니다.

저 역시 처음 꼬마빌딩에 투자할 때 가장 두려웠던 질문은 '과연 이 매매가가 적정한가?'였습니다. 상업용 부동산의 가격 결정 방식은 주택과 달리 더 유연하고 개별적인 특성을 지니고 있어, 가격이 어러 요인에 따라 크게 달라집니다. 이로 인해 주택보다 더 복잡한 평가와 심층적인 분석이 필요했습니다.

이를 해결하기 위해 저는 수많은 물건들의 실거래가와 공시지가를 철저히 분석하고, 다양한 프롭테크 서비스를 활용하여 사례 연구를 진행했습니다. 이러한 과정을 거쳐 꼬마빌딩의 가치를 보다 명확하게 평가할 수 있었으며, 그 결과는 다음과 같습니다.

① AI 추정가를 통한 가치분석

매매가가 다양한 프롭테크 서비스에서 제시한 AI 추정가보다 낮으면 일단 양호한 가격이라고 볼 수 있습니다. AI 추정가는 인근 지역의 실거래가를 바탕으로 추정된 금액으로 AI 추정가보다 낮다는 의미는 인근 꼬마빌딩의 시세보다 낮은 평단가를 보인다고 유추할 수 있기 때문입니다.

② 공시지가를 통한 가치분석

공시지가는 부동산 관련 세금을 부과하기 위해 정부에서 공식적으로 산정한 지가로, 부동산 세금을 결정하는 중요한 기준입니다. 해당 지역의 부동산 시장 상황을 반영하여 산정되지만, 부동산 시세는 시장의 수요와 공급, 경제 상황에 따라 빠르게 변동될 수 있는 반면, 공시지가는 즉각적으로 그 변화를 반영하지 못하는 경우가 많습니다.

이로 인해 시세와 공시지가 사이에 차이가 발생하는데, 일반적으로 공시지가 대비 매매가격이 2배 이하라면 비교적 적정한 가격이라고 판단할 수 있습니다.

③ 공시지가 10년 상승률을 통한 가치분석

돈이 되는 꼬마빌딩의 조건 중 하나는 뛰어난 환금성입니다. 환금성이 높다는 것은 그만큼 매수자의 수요가 많아 쉽게 매각할 수 있다는 뜻이죠. 환금성이 높은 지역을 판단하기 위해 저는 공시지가 10년 상승률을 확인합니다.

공시지가는 실거래를 기반으로 산정되기 때문에 공시지가 상승률이 높다는 것은 그 지역에서 활발한 실거래가 일어나고 있음을 의미합니다. 실제로 인기 있는 지역의 공시지가 10년 상승률을 살펴보면 200퍼센트 이상인 경우가 많습니다.

예를 들어, 인기 지역인 강남구 신사동의 꼬마빌딩 공시지가 상승률을 보면 10년 동안 250~300퍼센트에 달하는 경우가 많습니다. 이는 해당 지역이 안정적인 상권을 형성하고 있고, 수요가 꾸준히 유지되고 있음을 나타냅니다. 반면, 동두천시와 같은 지역에서는 공시지가 상승률이 마이너스를 기록하는 경우도 있는데, 이는 그 지역의 실거래가 적고 환금성이 떨어질 가능성이 있음을 나타냅니다. 이처럼 공시지가 상승률을 살펴보면 해당 지역이 환금성이 높은 안정적인 상권인지를 분석할 수 있습니다.

5분 안에 끝내는
꼬마빌딩 매물 분석법!

꼬마빌딩 투자를 고려할 때 가장 중요한 요소 중 하나는 매물의 적정 가치를 정확하게 평가하는 것입니다. 수십억 원이 오가는 대규모 자산인 만큼, 그 가격이 합리적인지 신중하게 판단해야 합니다. 하지만 검토할 매물이 많을 경우에는 일일이 깊이 있게 분석하기보다는 1차적으로 빠르게 선별해 나가는 것이 효율적입니다.

이를 위해 저는 매매가, 공시지가, 그리고 공시지가 10년 상승률을 기준으로 1차 허들을 설정하여 매물을 평가하는 방식을 사용해왔습니다. 물론 이 세 가지 기준은 다소 보수적인 수치라서 모두를 만

족하는 매물을 찾기 어려울 수도 있습니다. 그러나 명확한 기준을 설정함으로써 투자 판단이 객관적이고 체계적으로 이루어지며, 감정에 치우친 결정을 최소화할 수 있습니다.

또한 보수적인 기준을 통해 리스크를 줄일 수 있는 방어막을 마련하게 되며, 이는 부동산 시장의 변동성에 대비한 전략적 투자 판단을 도와줍니다.

- **AI 추정가** : 매매가가 AI 추정가 대비 100퍼센트 이하

- **공시지가** : 매매가가 공시지가의 200퍼센트 이하

- **공시지가 10년 상승률** : 공시지가 10년 상승률이 200퍼센트 이상

▲ 가치분석 리스트

이렇게 세 가지 기준을 바탕으로 꼬마빌딩 가치분석 리스트를 만들면, 매물이 나올 때마다 정보를 업데이트하면서 해당 매물이 기준에 얼마나 부합하는지 한눈에 확인할 수 있습니다.

이 방법은 투자 결정을 보다 체계적으로 내리게 도와주며, 객관적인 데이터에 기반한 투자 판단을 통해 리스크를 최소화하고 안정적인 수익을 기대할 수 있는 매물을 선택하는 데 큰 도움이 됩니다.

수익률의 진실,
우리가 놓친 함정!

이렇게 1차 허들을 통과했다면, 수익률 측면에서도 투자의 가치가 있는지 검토해야 합니다. 꼬마빌딩에 투자하는 가장 큰 이유 중 하나는 안정적인 임대수익을 얻기 위함입니다. 따라서 수익률은 꼬마빌딩 투자에서 매우 중요한 요소입니다.

하지만 수익률만을 보고 투자를 결정하는 것은 위험할 수 있습니다. 왜냐하면 수익률에는 때때로 숨겨진 함정이 존재할 수 있기 때문입니다.

① 리스백 계약의 함정

리스백Lease Back이란 부동산을 매각한 이후 매도자가 매수자에게 임대료를 내고 해당 부동산을 계속 사용하는 것을 뜻합니다. 즉, 매매 계약과 동시에 매도인이 다시 임차인이 되어 일정한 임대료를 보장해주는 방법입니다. 이런 리스백 계약의 경우에 매도인은 해당 부동산을 계속 사용할 수 있어서 좋고, 매수인은 공실 걱정 없이 안정적인 임대료를 받을 수 있다는 장점이 있습니다.

하지만 일부 매도인은 건물을 더 높은 가격에 매각하기 위해 시세보다 과도하게 높은 임대료를 설정한 후, 리스백 조건으로 매각하는 경우가 있습니다. 이렇게 되면 임대수익률이 인위적으로 높아 보일 수 있어, 건물 매매가에도 영향을 미치게 됩니다. 따라서 이런 상황에서는 임대수익률이 건물의 실제 가치를 제대로 반영하고 있는지 꼼꼼하게 따져봐야 합니다.

특히, 매도인과의 임대차 계약이 종료된 후에는 시세보다 높은 임대료로 인해 새로운 임차인을 구하기 어려울 가능성이 있습니다. 이런 리스크를 피하기 위해서는 리스백 계약을 진행할 때 반드시 임차인의 재정 상태와 현재 임대료가 인근 시세에 비해 적정한지를 철저히 확인하는 것이 중요합니다.

② 임대차 계약의 함정

꼬마빌딩 매입 시에는 기존 임대차 계약에 대한 확인이 반드시 필요합니다. 이는 임대인이 임대수익률을 높이기 위해 임차인에게 렌트프리를 제공했을 가능성이 있기 때문입니다. 렌트프리란 일정 기간 동안 임차인이 임대료를 면제받는 혜택을 뜻합니다.

예를 들어, 2년 임대차 계약에서 2~3개월의 렌트프리가 제공되면 평균 임대료가 인상되는 효과가 있습니다. 즉, 2년간 월세 100만 원의 계약에서 4개월의 렌트프리를 제공할 경우, 임대인은 5개월 차부터 월세 120만 원씩을 받을 수 있습니다. 이로 인해 임차인은 4개월 동안 월세를 내지 않지만, 임대인은 평균 월세가 120만 원으로 계산되어 수익률이 높아 보이게 됩니다. 따라서 매입하려는 꼬마빌딩의 임대료가 주변 시세보다 높다면, 렌트프리 조건이 있었는지 반드시 확인해봐야 합니다.

보통 꼬마빌딩을 매매할 때, 인근 꼬마빌딩의 실거래가는 꼼꼼하게 확인하지만, 임대료 시세는 놓치는 경우가 많습니다. 그러나 일부 매도인은 임대수익률을 인위적으로 높이기 위해 임차인과 특별한 계약을 맺은 후 건물을 매각하는 경우도 있습니다. 이런 함정에 빠지지 않도록 주의가 필요합니다.

실제로 서초동 꼬마빌딩 사례는 2023년 8월, A씨가 월임대료 3,000만 원에 통임대된 꼬마빌딩을 매수한 후 발생한 사건입니다. 이 건물의 임대료는 주변 시세보다 높았고, 강남에서도 높은 임대수익률을 기록하는 건물로 여겨졌습니다. 하지만 주인이 바뀌자마자 임차인은 임대계약 해지를 통보했고, A씨는 높은 임대료 때문에 신규 임차인을 구하는 데 어려움을 겪었습니다. 월임대료를 2,400만 원으로 낮췄지만, 6개월이 지나도 임차인을 구하지 못해 이자 납부조차 힘들어졌습니다.

이와 같은 사례에서 보듯, 매각 당시의 임대수익률만 보고 섣불리 투자했다가는 큰 손실을 볼 수 있습니다. 꼬마빌딩 매수 전에 임대차 계약의 세부사항을 꼼꼼히 확인하고, 임차인의 신뢰성과 임대차 계약의 승계 여부 등을 철저히 점검해야 합니다.

내 꼬마빌딩,
적정 임대료 찾는 법!

대부분의 꼬마빌딩 투자자들은 안정적인 임대료 수입을 기대하며 건물주가 되기를 꿈꿉니다. 하지만 실제로 건물주가 되었을 때, 장기간 공실이 발생하면 당황스러운 상황이 펼쳐질 수 있습니다. 특히, 꼬마빌딩을 매입할 때는 임차인이 계약된 상태였지만, 매매 후에 임차인이 나가는 경우도 적지 않기 때문에 이에 대비해야 합니다. 따라서 꼬마빌딩 매매 계약을 체결하기 전에 반드시 현재 임차인의 임대료가 적정한지, 그리고 임차인이 안정적으로 임대료를 낼 수 있는 우량 임차인인지 확인하는 것이 중요합니다.

그렇다면 이러한 정보를 어떻게 얻을 수 있을까요? 지금 소개하는 두 개의 프롭테크 서비스를 활용하면, 적정 임대료를 쉽게 확인할 수 있습니다.

① 네이버 부동산

네이버 부동산은 우리나라 1위 포털사이트에서 운영하는 부동산 서비스답게 방대한 매물 정보를 자랑합니다. 원하는 지역을 설정하면 해당 지역의 임대 매물 정보를 손쉽게 확인할 수 있어, 현재 임차인의 임대료를 주변 임대료와 비교하여 시세를 조사할 수 있습니다.

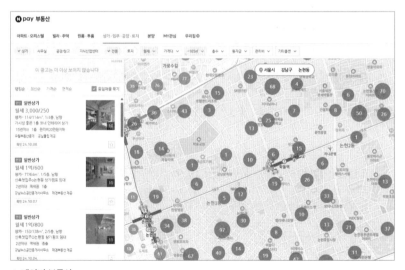

▲ 네이버 부동산

예를 들어, 현재 임차인이 평당 15만 원의 임대료를 지불하고 있다면, 주변 임대료의 평당 임대료가 15만 원 수준인지 확인해야 합니다. 만약 주변 임대료가 평당 10만 원 수준이라면 과도한 임대료를 지불하고 있는 상황으로 볼 수 있습니다.

이와 같이 임대료가 주변 시세와 차이가 클 경우에는 임대차 계약 갱신 시 임대료가 조정될 수 있으며, 기존 임대료로는 새로운 임차인을 구하는 데 어려움을 겪을 수 있으니 주의가 필요합니다.

② 오픈업

오픈업은 상권분석 서비스로 해당 지역 매장의 매출 정보를 제공하는 유용한 도구입니다. 내가 원하는 매장의 주소를 입력하면, 월간 추정 매출뿐만 아니라 시간대별, 요일별 매출 데이터와 고객의 성별, 연령별 정보까지 상세한 자료를 확인할 수 있습니다. 이를 통해 지역 상권의 특징을 파악하고 임차인의 매출 정보를 확인할 수 있습니다.

예를 들어, 매수하려는 꼬마빌딩 1층에 카페가 입점해 있다면, 해당 카페의 매출을 오픈업에서 확인하고 영업이익을 계산해볼 수 있습니다. 이를 통해 임차인이 안정적으로 임대료를 낼 수 있는 우

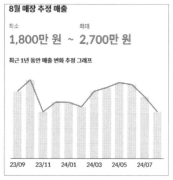

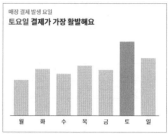

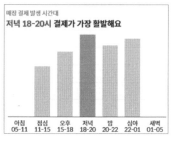

▲ 오픈업 상권분석

량 임차인인지 확인할 수 있습니다.

또한 오픈업은 상권 자체에 대한 정보도 제공하므로, 임차인 선정 시 효과적인 임대 및 운영 전략을 수립할 수 있습니다. 과거에는 이런 정보를 얻기가 제한적이었지만, 이제는 다양한 채널을 통해 임차인의 재정 상태와 상권 특성을 철저히 분석할 수 있어, 공실 리스크를 줄이고 안정적인 임대수익을 기대할 수 있는 환경이 마련되었습니다.

꼬마빌딩 임장,
필수 체크리스트 및 실전 노하우!

임장이란 '현장에 임한다'라는 뜻으로, 부동산 매입을 고려할 때 해당 지역을 직접 탐방하고 분석하는 과정을 말합니다. 단순한 서류나 온라인 자료만으로는 얻을 수 없는 실질적인 정보를 확인할 수 있는 기회이기 때문에 꼬마빌딩 투자의 필수 과정이라 할 수 있습니다.

"답은 현장에 있다"라는 말처럼, 현장 방문을 통해 얻게 되는 정보는 실제 투자 결정을 내리는 데 큰 도움이 됩니다. 손품을 팔아 온라인으로 미리 조사했다고 해도, 현장을 직접 눈으로 확인하는 발품이야말로 최종적인 판단을 뒷받침해주는 중요한 과정입니다.

임장은 단순히 건물을 보러 가는 것이 아닙니다. 현장에서는 꼬마빌딩의 진짜 가치를 재평가하고, 온라인으로는 파악하기 어려운 숨겨진 정보까지 얻을 수 있는 과정입니다.

그렇다면 임장에서 꼭 확인해야 할 사항은 무엇일까요?

손품으로 수집한 정보가 정확한지 다시 한번 확인하고, 현장에서만 볼 수 있는 세부적인 부분들을 꼼꼼히 살펴야 합니다.

① 시세 정보

임장 시 가장 먼저 확인해야 할 사항은 인근 지역의 실거래가 및 매매 동향입니다. 주변 부동산을 방문해 현장에서 직접 최근 거래된 꼬마빌딩들의 시세와 매매 흐름을 확인하는 것이 중요합니다.

부동산 상승기에는 매물의 거래가 빠르게 이루어지기 때문에 온라인에 올라온 정보가 이미 변동되었거나, 거래가 완료된 경우도 많습니다. 게다가 부동산 중개업자들이 고객을 유도하기 위해 거래가 끝난 매물을 미끼 매물로 올려놓는 경우도 있으니 주의해야 합니다.

또한 인근 상가의 평당 임대료 수준을 조사하여 임대수익률을 계산하는 것도 필수입니다. 꼬마빌딩의 수익성은 임대료에 크게 좌우되기 때문에, 평당 임대료를 기반으로 건물의 수익성을 평가해야 합니다.

지역 부동산의 동향을 잘 아는 중개인과의 대화는 정확한 시세와 임대 트렌드를 파악하는 데 매우 유용합니다.

② 건물 정보

건물 정보는 매우 중요한 요소로, 건물의 내외부 상태, 주차시설, 엘리베이터 유무, 건물의 방향 등을 꼼꼼히 살펴야 합니다. 노후 상태와 누수 등을 파악하고, 만약 불법 건축물이 있다면 현장답사를 통해 확인해야 합니다.

보통 불법 건축물 등록은 주변의 신고에 의해서 이루어집니다. 이는 건축물대장을 통해서 확인할 수 있지만, 아직 신고가 안 된 상태라면 건축물대장에 반영되지 않았을 수도 있습니다. 현재 건축물대장에 없더라도 추후 과태료나 철거 대상이 될 수 있기 때문에 현장에 가서 꼭 확인해야 합니다.

또한 주차시설과 엘리베이터의 유무는 임대수익에 직접적인 영향을 미칩니다. 임차인 입장에서 주차공간과 엘리베이터가 잘 갖춰진 건물은 더 높은 임대료를 책정할 수 있기 때문에, 이러한 부대시설의 상태를 확인하는 것은 필수입니다.

건물의 방향 역시 중요한 요소입니다. 아파트와 달리, 꼬마빌딩은 북향이 더 유리할 수 있습니다. 북향은 일조권 사선제한[1]의 영향을 덜 받아 건물의 외형이 거의 꺾이지 않기 때문에 용적률을 최대한 활용할 수 있습니다. 반대로 남향은 사선제한으로 인해 건물의 높이나 형태에 제약이 생길 수 있습니다. 이는 건물의 매매가에도 영향을 미쳐, 북향 건물이 남향 건물보다 더 좋은 조건에서 거래되는 경우가 많습니다.

③ 상권 정보

상권이란 상업상의 세력이 미치는 범위, 즉 거래가 이루어지는 공간적 범위를 의미합니다. 이는 꼬마빌딩의 임대수익률을 결정하는 중요한 요소입니다. 유동인구가 많고 상권이 활성화된 지역일수록

···················
1 일조권 사선제한이란? 두 대지가 인접했을 때, 건물의 높이로 인해 햇빛을 받을 수 있는 권리를 최소한 확보해주기 위해 정해진 건축법

높은 임대수익률을 기대할 수 있기 때문에 상권의 경쟁력을 정확히 파악하는 것이 필요합니다. 이를 위해 주중, 주말, 아침, 점심, 저녁 등 다양한 시간대별로 해당 상권을 방문하여 유동인구와 상권의 활성화 정도를 직접 확인하는 것이 좋습니다.

또한 주변 상가 및 꼬마빌딩의 임대료 수준과 공실률을 조사하여, 임차 수요가 있는지, 임대수익성이 어느 정도인지를 평가하는 것도 중요합니다.

이 과정에서 오픈업과 같은 프롭테크 플랫폼을 활용하여 매출 정보 및 상권 분석 자료를 미리 확인한 후, 실제로 현장 답사를 통해 상권의 분위기와 고객층을 직접 파악하는 것이 중요합니다. 이러한 정보는 우량 임차인을 확보하고 공실률을 줄이기 위한 기초가 되며, 궁극적으로 꼬마빌딩의 수익성을 극대화하는 데 중요한 요소로 작용합니다.

④ 입지 정보

꼬마빌딩의 입지는 대중교통의 편리성과 도로의 너비가 핵심적인 기준이 됩니다. 그래서 임장을 나갈 때는 대중교통을 이용하는 것이 좋습니다. 지도를 통해 확인할 수 없는 교통 상황과 주변 환경을 보다 정확히 파악할 수 있습니다. 지하철, 버스 등을 이용하면 건물과 주요 교통수단 간의 물리적 거리와 동선을 직접 체험할 수 있어 입지를 이해하는데 도움이 됩니다.

도로의 너비는 근린생활 상권을 형성하는 데 매우 중요한 요소입니다. 6~12미터 정도의 도로가 가장 적합하며, 이 정도 너비는 보행자와 차량이 자연스럽게 공존할 수 있는 환경을 제공합니다. 반면, 4미터 정도의 좁은 도로는 차가 지나갈 때 보행자의 불편함을 초래할 수 있고, 15미터 이상부터는 횡단보도와 신호등이 생겨 상권 활성화에 불리할 수 있습니다. 특히, 상권이 형성되려면 사람들의 자유로운 이동이 중요한데, 넓은 도로는 이러한 흐름을 막을 수 있습니다.

그리고 불법주정차가 가능한 도로는 상권 활성화에 긍정적인 영향을 미칠 수 있습니다. 비록 불법이지만, 상권 근처에 주차할 수 있는 공간이 있다는 점은 고객 유입에 도움이 됩니다. 이러한 이유로 6~12미터의 도로 너비가 근린생활 상권을 형성하는 데 가장 이상적이라 할 수 있습니다.

▼ 꼬마빌딩 임장 체크리스트

	A	B	C
실거래가 및 매매 동향 분석			
인근 지역의 매물 호가 및 실거래가 확인			
실거래 건수 확인			
건물 상태 및 용도			
건물 외관 및 내부 상태 점검			
주요 설비 및 인프라 상태 확인			
임대 시장 및 경쟁 분석			
상권 활성화 정도 및 주요 상가 확인			
지역 분위기 및 유동인구 분석			
인근 임대료 수준 및 공실률 조사			
경쟁 빌딩 및 상권 분석			
교통 및 접근성			
주요 도로 및 대중교통 접근성 확인			
주차시설 및 차량 진입 가능성 평가			

임장은 단순한 현장 방문을 넘어, 손품으로 얻은 정보를 직접 확인하고 현장 분위기를 파악하는 필수적인 과정입니다. 이를 통해 꼬마빌딩의 장단점을 명확히 파악하고, 성공적인 투자 결정을 내리는 데 중요한 역할을 합니다.

6장

왜 같은 꼬마빌딩에서
성공과 실패가
공존할까?

꼬마빌딩 실전 거래에서 얻는
투자 인사이트!

저는 부동산 투자자이면서 동시에 부동산 투자 강의를 진행하고 있습니다. 강의를 하면 수강생들이 가장 많이 묻는 질문이 "어떻게 공부해야 하나요?"입니다. 요즘은 정보가 넘쳐나기 때문에 부동산 투자 공부에 활용할 수 있는 도구들이 매우 많습니다. 이 책과 같은 부동산 투자 서적은 물론, 온라인에서도 관련 블로그나 뉴스 등을 쉽게 찾을 수 있으며, 프롭테크 서비스, 유튜브, 온라인 강의 등 마음만 먹으면 공부할 자료는 충분히 제공됩니다.

제가 추천하는 방법 중 하나는 국토교통부 실거래가 공개시스템과 실거래 정보를 제공하는 플랫폼을 활용하여 관심 지역의 실거래가를 모니터링하는 것입니다. 실거래 데이터를 분석하면 성공과 실패의 요인을 파악할 수 있고, 이를 바탕으로 더욱 합리적인 투자 전략을 세울 수 있습니다.

이렇게 다양한 실거래 사례들을 분석하다 보면, 같은 꼬마빌딩에서 성공과 실패 사례가 동시에 나타나는 경우를 종종 확인할 수 있습니다. 어떻게 같은 건물에서 이런 차이가 발생할 수 있을까요?

마포구 연남동에 위치한 꼬마빌딩의 투자를 통해 성공과 실패 사례를 살펴보겠습니다.

- **위치** : 마포구 연남동 OOO

- **면적** : 대지 27평

- **용도지역** : 2종 일반주거지역

- **건물** : 지하 1층/지상 2층

해당 꼬마빌딩은 2종 일반주거지역에 위치한 대지 27평, 지하 1층/지상 2층의 근린생활시설입니다. A씨는 2017년에 이 빌딩을 11억

8,000만 원(평당 4,400만 원)에 매수한 후, 2022년에 22억 원(평당 8,100만 원)에 매도했습니다. 5년 동안 9억 5,510만 원의 시세 차익을 올렸습니다. 매수 당시 70퍼센트의 담보대출을 받았다고 가정하면, 자기자본금은 약 4억 1,890만 원이었을 것입니다. 이를 바탕으로 투자금 대비 수익률은 228퍼센트, 연수익률은 46퍼센트에 달하는 매우 성공적인 투자 사례입니다.

▼ 꼬마빌딩 실거래 분석

항목	A씨	B씨
매수가	11억 8,000만 원	22억 원
취득세 (4.6퍼센트)	5,428만 원	1억 120만 원
중개수수료 (0.9퍼센트)	1,062만 원	1,980만 원
총액	12억 4,490만 원	23억 2,100만 원
대출(70퍼센트)	8억 2,600만 원	15억 4,000만 원
자기자본금	4억 1,890만 원	7억 8,100만 원
매도가	22억 원	23억 7,000만 원
시세 차익	9억 5,510만 원	4,900만 원
수익률	228퍼센트	6퍼센트
연수익률	46퍼센트	6퍼센트

반면, B씨는 2022년 22억 원(평당 8,100만원)에 해당 꼬마빌딩을 매수한 후, 2023년에 23억 7,000만 원(평당 8,800만 원)에 매도하여 4,900만 원의 시세차익을 얻었습니다. B씨 역시 매수 당시

70퍼센트의 담보대출을 받았다고 가정하면, 자기자본금은 약 7억 8,100만 원이었을 것입니다. 이로 인해 투자금 대비 수익률은 6퍼센트로 대출이자와 기타 부대비용까지 고려한다면 다소 실패한 투자 사례라고 볼 수 있습니다.

그렇다면 2024년 현 시점에서의 AI가 진단한 이 꼬마빌딩의 가치는 어떻게 될까요?

AI 추정가 βeta	
AI 추정가 24.09.30	**16억 6,533만** 61,225,492원/평
토지 + 건물가격	1,665,333,391원
추정토지가격 (총 1필지)	1,656,672,361원 총면적 : 27.1평
추정건물가격 (총 1동)	8,661,030원 총면적 : 27.2평

▲ AI 추정가

24년 8월 31일 기준으로 해당 건물의 추정가는 16억 6,533만 원입니다. 물론 이 수치를 100퍼센트 신뢰할 수는 없지만, 실제 실거래가와 비교했을 때 큰 차이가 있는 것을 알 수 있습니다. 특히, B

씨로부터 23억 7,000만 원에 이 건물을 매수한 매수자도 시세보다 높은 가격으로 매수한 걸로 보입니다. 이로 인해 추후 매도가 힘들거나 수익률이 낮은 금액에 매도할 가능성이 높습니다.

이처럼 실거래 히스토리를 분석하다 보면 투자 인사이트를 배울 수 있습니다. A씨는 저평가된 시점에 꼬마빌딩을 매수하여 5년 만에 288퍼센트, 연간 46퍼센트의 높은 수익률을 기록해 성공한 투자자로 볼 수 있습니다. 반면, B씨는 4,900만 원의 시세 차익을 얻었으나, 대출이자와 기타 부대비용, 시간과 노력을 감안한다면 실패한 투자자로 평가될 수 있습니다.

이렇듯 부동산 투자는 복합적이고 다양한 요인이 얽혀 있습니다. 따라서 다양한 관점에서 분석하고 본질을 파악하는 능력을 키우는 것이 중요합니다.

스타들의
꼬마빌딩 투자 사례!

건물주는 수년간 직장인들이 선호하는 목표 중 항상 최상위권에 자리해왔습니다. 이러한 열풍은 직장인뿐만 아니라 유명 연예인들 사이에서도 마찬가지입니다. 실제로 많은 연예인들이 꼬마빌딩 투자에 뛰어들었으며, 관련 뉴스가 자주 보도되고 있습니다. 하지만 연예인의 꼬마빌딩 투자도 마찬가지로 성공 사례와 함께 실패 사례가 존재합니다. 성공적인 투자를 보여준 류○○ 배우와 아쉬운 결과를 보여준 이XX 배우의 케이스에 대해 알아보겠습니다.

① 류○○ 배우의 투자 사례

류○○ 배우는 2020년 2월, 서울 역삼동에 위치한 83평 대지의 1층 건물을 58억 원(평당 6,988만 원)에 매수했습니다. 이 건물은 매수 후 즉시 철거 공사가 진행되었고, 지하 2층/지상 7층의 신축 건물로 재탄생했습니다. 이후 2022년 2월, 해당 건물은 150억 원 (평당 1억 8,072만 원)에 매도되어 상당한 수익을 올린 성공적인 투자 사례로 평가됩니다.

▼ 류○○ 배우의 투자 분석

매수가	58억 원
취득세(4.6퍼센트)	2억 6,680만 원
중개수수료(0.9퍼센트)	5,220만 원
신축비용(307평)	21억 4,900만 원
총액	82억 6,800만 원
담보 대출	52억 원
신축 대출	17억 7,000만 원
자기자본금	12억 9,800만 원
매도가	150억 원
시세차익	67억 3,200만 원
법인세	13억 4,640만 원
세후차익	53억 8,560만 원

당시 신축비가 현재처럼 많이 오르기 전이라 평당 700만 원으로 책정되었고, 법인 명의로 자기자본금 13억 원을 투자하여 2년 만에

▲ 2019년 모습

▲ 2020년 2월 매입 후 철거

▲ 신축 후 2022년 2월 매도

67억 3,000만 원의 시세차익을 얻었습니다. 법인세 20퍼센트를 납부한다고 해도 세후 약 54억 원의 수익을 실현한 것으로 추정됩니다.

건물을 매수할 때는 담보대출 52억 원, 건축비 대출 17억 7,000만 원으로 총 69억 7,000만 원을 대출받았습니다. 대출금리를 3.5퍼센트로 적용하면 2년 동안 약 4억 9,000만 원의 이자를 납부하게 됩니다. 법인세와 대출이자를 모두 반영하더라도 약 49억 원의 시세차익을 실현하여, 총수익률 377퍼센트, 연수익률 188퍼센트에 달하는 매우 성공적인 투자 성과를 거두었습니다.

요즘은 원자재 가격의 상승과 고금리로 인하여 과거와 같은 수익률은 기대하기 어렵습니다. 따라서 이와 같은 디벨롭 투자를 고려할 때는 더욱 신중한 접근이 필요합니다.

② 이XX 배우의 투자 사례

이XX 배우는 2018년 7월, 서울 한남동에 위치한 37평 대지의 2층 건물을 30억 원(평당 8,129만 원)에 매수했습니다. 이 건물은 리모델링이나 재건축 없이 약 3년간 보유한 후, 2021년 2월 35억

▲ 이XX 배우 꼬마빌딩

9,000만 원(평당 9,727만 원)에 매도하였습니다.

이XX 씨는 개인 명의로 16억 6,750만 원의 자기자본금을 투자하여, 3년 만에 4억 2,500만 원의 시세차익을 얻었습니다. 하지만 개인사업자 양도소득세 세율에 따라 세금이 부과되었고, 세후 수익은 약 2억 5,500만 원으로 추정됩니다. 3년 동안의 총 수익률은 15퍼센트이며, 이를 연수익률로 환산하면 5퍼센트에 해당합니다.

▼ 이XX 배우 투자 분석

매수가	30억 원
취득세(4.6퍼센트)	1억 3,800만 원
중개수수료(0.9퍼센트)	2,700만 원
총액	31억 6,500만 원
담보 대출	14억 9,000만 원
자기자본금	16억 6,750만 원
매도가	35억 9,000만 원
시세차익	4억 2,500만 원
양도세(40퍼센트)	1억 7,000만 원
세후차익	2억 5,500만 원

참고로 이 건물은 신축을 진행하지 않았기 때문에 대출이자는 월세 수익으로 충당된다는 전제하에 따로 반영하지 않았습니다. 부동산 투자에서 연수익률 5퍼센트라는 결과는 기대에 비해 다소 아쉬워 보입니다.

스타들의 투자 결과,
승패를 나눈 결정적 차이!

두 배우의 꼬마빌딩 투자를 정리해보면 다음 표와 같습니다. 꼬마빌딩 A와 꼬마빌딩 B에 투자한 자기자본금과 투자기간이 비슷함에도 불구하고 수익률에서 큰 차이를 보입니다.

과연 두 배우의 꼬마빌딩 투자에는 어떤 차이가 있었을까요?

① 매수가격

역삼동에 위치한 꼬마빌딩 A의 평당가는 6,988만 원이고, 한남동에 위치한 꼬마빌딩 B의 평당가는 8,129만 원으로 차이가 있습니다. 비록 두 지역 모두 상급 입지에 속하지만, 역삼동의 꼬마빌딩 A

▼ 두 배우의 투자 비교

항목	꼬마빌딩 A(류○○)	꼬마빌딩 B(이XX)
투자시기	2020년	2018년
자기자본금	13억 원	16.8억 원
매수 가격	58억 원	30억 원
매도 가격	150억원	35.9억 원
투자기간	2년	3년
시세차익	92억 원	4.2억 원
총 수익률	377%	15%
연 수익률	188%	5%

는 당시 주변 시세보다 저렴하게 매수되었을 가능성이 큽니다. 반면, 한남동의 꼬마빌딩 B는 상대적으로 높은 시세에 매수된 것으로 추정됩니다.

부동산은 입지에 따라 가치가 크게 달라지며, 그로 인해 투자 성과 역시 큰 차이를 보입니다. 특히, 상권과 수요가 좋은 지역이라도 매수 시점과 가치 분석의 정확성에 따라 수익률 차이가 발생할 수 있습니다. 이 때문에 투자 전에 정확한 가치 분석을 통해 매수 가격이 적정한지 판단하는 것이 필수적입니다.

② 매입주체

꼬마빌딩 A는 법인 명의로 투자되었고, 꼬마빌딩 B는 개인 명의로 투자되었습니다. 법인 명의로 부동산을 매입할 경우, 일반적으로 RTI가 적용되지 않기 때문에 대출한도가 더 높게 책정됩니다. 반면, 개인 명의로 매입할 경우라면 RTI 규정에 따라 대출한도가 제한될 수 있습니다. 특히, 이 시기에는 금리가 현재만큼 높지 않았기 때문에, 많은 부동산 투자자들은 매매가의 70~80퍼센트까지 대출을 받는 것이 일반적이었습니다.

법인은 개인보다 대출 여건이 유리한데, 이는 법인이 운영 수익을 기반으로 부채상환 능력이 평가되기 때문입니다. 법인 대출을 통해 더 높은 비율의 자금을 조달함으로써 투자 기회가 더 넓어질 수 있었던 것입니다. 따라서 투자 전략에 있어 법인 대 개인 명의의 차이도 수익률과 자금 조달 능력에 큰 영향을 미칠 수 있습니다.

③ 레버리지

꼬마빌딩 A의 총 대출액은 69억 7,000만 원으로, 신축비를 포함해 대출 비율이 88퍼센트에 달합니다. 반면, 꼬마빌딩 B의 대출액은 14억 9,000만 원으로 매수가의 약 56퍼센트에 그칩니다.

이는 개인 명의로 투자하면서 RTI 규정에 따라 대출한도가 제한되었기 때문입니다. 법인 명의로 투자하면 더 높은 대출 비율을 통해 레버리지 효과를 극대화할 수 있지만, 개인투자자는 대출한도가 낮아 이러한 효과가 제한됩니다. 그로 인해 개인투자자는 법인투자자에 비해 자기자본 대비 수익률이 상대적으로 낮아질 수 있습니다.

④ 세금

꼬마빌딩 A는 법인 명의로 투자되었기 때문에 매도 시에 법인세가 부과됩니다. 2022년 기준으로 과세표준 2억 원에서 200억 원까지는 20퍼센트의 법인세율이 적용되어 꼬마빌딩 A의 매도 시 발생한 법인세는 13억 5,000만 원이었습니다. 반면, 꼬마빌딩 B는 개인 명의로 투자되었으며 매도 시 양도소득세가 적용되었습니다. 5억 원 이하의 소득에 대해서는 40퍼센트의 양도세가 부과되며, 꼬마빌딩 B의 매도로 인해 약 1억 7,000만 원의 세금이 발생했을 것입니다.

이처럼 법인세와 개인 양도소득세 간의 세율 차이는 수익률에 직접적인 영향을 미칩니다. 법인 투자는 더 낮은 세율로 인해 세후 수익률이 더 높아질 수 있고, 개인 투자의 경우는 높은 양도세율로 인해 세후 수익률이 낮아질 수 있습니다.

두 배우의 꼬마빌딩 투자 사례를 보면, 둘 다 꼬마빌딩 투자 열풍이 한창이던 시기에 이루어진 투자임에도 불구하고 결과는 매우 상이하게 나타났습니다. 이는 꼬마빌딩 투자가 아파트와 달리 지역별로 대체로 비슷한 가격대를 형성하는 것이 아니라, 다양한 조건에 따라 그 가치가 달라진다는 점을 보여줍니다.

즉, 꼬마빌딩의 적정한 가격대를 판단하는 것은 쉽지 않으며, 여러 요소를 종합적으로 고려해야만 정확한 가치 분석이 가능합니다.

투자자가 스스로 충분히 파악하지 못한 상태에서 공인중개사의 말만 듣고 무작정 투자하게 된다면, 꼬마빌딩 B와 같은 낮은 수익률을 기록하거나 더 위험한 상황에 직면할 수 있습니다.

따라서 꼬마빌딩과 같은 상업용 부동산 투자 시에는 지속적인 학습과 정확한 가치 분석을 통해 이루어져야 합니다.

성공하는 꼬마빌딩 투자를 위한 3가지 핵심 전략!

부동산 시장은 경제 상황, 정책 변화, 사회적 요인 등 다양한 요인에 의해 주기적으로 상승장과 하락장을 반복합니다. 성공적인 부동산 투자를 위해서는 여러 전략이 필요하지만, 무엇보다 중요한 것은 투자의 본질을 이해하는 것입니다.

앞서 다룬 돈 되는 꼬마빌딩이 갖춰야 할 3대 필수 요건인 환금성, 수익성, 관리의 안정성이 바로 부동산 투자의 본질입니다. 이 세 가지 요건을 제대로 이해하지 못하면, 시장 변동에 적절히 대응하기 어렵고, 장기적인 성공을 이루기 힘듭니다.

따라서 이 본질적인 요소들의 기준을 세워 수치화하고 명확하게 평가할 수 있으면, 부동산 하락장에서도 실패하지 않는 꼬마빌딩 투자를 할 수 있습니다. 무엇보다 꼬마빌딩 투자에서 성공하려면 다음 3가지 핵심 요소를 항상 염두에 두고 있어야 합니다.

① 가치판정 분석표로 적정 가격 쉽게 판단하기

꼬마빌딩의 가치를 정확하게 분석하고 적정 매매가를 판단하는 것은 투자 성공의 첫걸음입니다. 이를 위해 가치판정 분석표를 활용하여 아래의 기준을 충족하는지 확인해야 합니다.

- **매매가 기준** : 매매가가 랜드북 추정가, 부동산 플래닛 AI추정가의 100퍼센트 이내이면 낮을수록 높은 점수 부여
- **공시지가** : 공시지가가 매매가의 50퍼센트 이상일 경우 안정적인 투자로 평가
- **공시지가 상승률** : 10년간 공시지가 상승률이 200퍼센트 이상이면 해당 지역의 성장 가능성을 높게 평가

가치판정 분석표를 활용하는 것은 매우 효율적인 방식으로, 이를 통해 매물의 적정성을 빠르게 파악하고 시간을 절약할 수 있습니

▼ 가치판정 분석표

항목	지수	판정 점수	가치판정기준
토지[평]	77		
연면적[평]	174		
용도	제2종 일반		
랜드북[억]	39.9		
부플[억]	45.3		
공시지가[억]	16.6		
매매가[억]	25.5		
평단가[억]	0.33		
랜드북 대비 매매가	1.56	10.0	1▲ 양호
부플 대비 매매가	1.78	10.0	1▲ 양호
공시지가 대비 매매가	0.65	10.0	0.5▲ 양호
공시지가 10년 상승률	180퍼센트	9.0	200퍼센트▲ 양호
종합 점수		9.8	

다. 점수 평가 방식을 적용하면 여러 매물을 체계적으로 비교할 수 있어 투자 결정 과정에서 큰 도움이 됩니다.

평가 기준은 10점 만점으로 설정되며, 9점 이상을 받은 매물은 1차 합격으로 간주됩니다. 9점 이상의 점수를 받았다는 것은 매물의 여러 요소가 매우 우수하다는 의미로, 상대적으로 위험이 낮고 수익성이 높은 투자로 이어질 가능성이 큽니다.

그러나 상승장에서는 9점 이상의 매물을 찾기가 쉽지 않을 수 있습니다. 시장 상황에 따라 부동산 가격이 급상승하면, 기존 평가 기준이 변동을 충분히 반영하지 못해 매물의 평가 점수가 상대적으로 낮아질 수 있기 때문입니다. 가격 상승으로 인해 우수한 점수를 받기 어렵더라도, 이는 해당 매물이 투자 가치가 없다는 뜻은 아닙니다. 이러한 상황에서는 9점 이하의 매물이라도 시장 상황을 고려해 다른 매물과 비교하고 신중히 검토하는 것이 중요합니다.

② 수익률 분석으로 안정적인 수익률 확보하기

꼬마빌딩 투자의 궁극적인 목적은 수익 창출입니다. 따라서 어떤 방식으로 활용해야 수익을 극대화할 수 있을지를 신중하게 고민해야 합니다. 예를 들어, 매수 후 곧바로 매도하는 것이 유리할지, 리모델링을 통해 건물 가치를 높이는 것이 더 나은지, 또는 신축을 통해 최대 수익을 실현할 수 있을지에 대해 미리 시뮬레이션을 돌려 분석하는 과정이 필요합니다. 이를 통해 다양한 시나리오에서의 수익률을 비교하여 가장 적합한 전략을 선택할 수 있습니다.

다음의 수익률 분석표는 매도, 리모델링, 신축 등 다양한 시나리오에 따른 수익률을 간단히 비교할 수 있도록 구성되었습니다. 다양한 매물에 대해 각 시나리오를 시뮬레이션해 본 뒤에 이를 바탕으로 최적의 선택을 신속하게 판단할 수 있습니다.

또한 임대수익률은 꼬마빌딩 투자에서 매우 중요한 요소입니다. 임대료 수익과 대출이자를 비교하여, 자신이 감당할 수 있는 재정 범위 내에서 투자가 이루어져야 성공적인 결과를 기대할 수 있습니다. 대출을 많이 받아 레버리지를 활용하면 수익률을 높일 수 있지만, 이는 금리 상승과 같은 예기치 못한 상황에서 큰 리스크로 작용할 수 있습니다.

▼ 매수 후 매도

매수가	12억 원
취득세(4.6퍼센트)	5,520만 원
중개수수료(0.9퍼센트)	1,080만 원
총액	12억 6,600만 원
건물 대출(80퍼센트)	8억 4,000만 원
자기자본금	4억 2,600만 원
매도가	18억 원
시세차익	5억 3,400만 원
수익률	125퍼센트

▼ 리모델링 후 매도

매수가	47억 원
취득세(4.6퍼센트)	2억 1,620만 원
중개수수료(0.9퍼센트)	4,230만 원
리모텔링비용[200평] 평당 700만 원	14억 원
총액	63억 5,850만원
담보 대출	32억 9,000만 원
리모델링 대출	9억 8,000만 원
자기자본금	20억 8,850만 원
매도가	85억 원
시세차익	21억 4,150만 원
수익률	103퍼센트

▼ 신축 후 매도

매수가	31억 5,000만 원
취득세(4.6퍼센트)	1억 4,490만 원
중개수수료(0.9퍼센트)	2,835만 원
신축비용[150평] 평당 1,000만 원	15억 원
총액	48억 2,325만 원
담보 대출	22억 500만 원
신축 대출	10억 5,000만 원
자기자본금	15억 6,825만 원
매도가	68억 원
시세차익	19억 7,675만 원
수익률	126퍼센트

예를 들어, 저금리 시기에는 대출 부담이 상대적으로 적었기 때문에 많은 투자자들이 높은 비율의 대출을 통해 투자에 나섰습니다. 하지만 금리가 상승하면 대출이자 비용이 급격히 증가하여 임대수익으로 이자 비용을 충당하지 못하는 상황이 발생할 수 있습니다. 실제로 2022년 상반기까지는 저금리 기조로 인해 무리하게 대출을 받아 꼬마빌딩에 투자한 사람들이 많았지만, 금리 상승이 시작되자 이자 부담을 감당하지 못하고 손실을 본 사례가 다수 발생했습니다.

따라서 안전 마진을 확보하는 것이 무엇보다 중요합니다. 안전 마진이란 임대수익이 대출이자와 기타 비용을 충분히 충당할 수 있는 여유분을 의미합니다.

예를 들어, 강남이나 성수 등 주요 지역의 꼬마빌딩들은 임대수익률이 2~3퍼센트 수준으로 대출이자가 임대료 수익을 초과하는 경우가 많습니다. 만약 다른 수입원이 있어 이로 인한 부담이 크지 않다면 문제가 없을 수 있지만, 다른 수입원이 없다면 큰 문제가 발생할 수 있습니다. 임대수익과 대출이자를 꼼꼼히 비교하고 충분한 안전 마진을 확보한 상태에서 투자를 하는 것이 매우 중요합니다.

따라서 꼬마빌딩 투자 전에 다음과 같은 사항을 확인해야 합니다.

- **임대료와 대출이자 비교** : 월 임대료가 대출이자를 충분히 감당할 수 있는지 확인
- **대출 비율의 적절성** : 금리 인상에 대비해, 내가 감당할 수 있는 수준의 대출 비율을 설정
- **미래 금리 리스크 고려** : 금리 상승 가능성을 염두에 두고, 장기적인 관점에서 투자수익률을 평가
- **안전 마진 확보** : 예상치 못한 금리 상승이나 공실 발생 등의 리스크에 대비해 충분한 안전 마진을 확보

③ 현장 점검으로 매물의 숨은 가치 발견하기

성공적인 꼬마빌딩 투자의 세 번째 핵심 요소는 현장 점검(임장)입니다. 아무리 가치판정 분석과 수익률 분석이 뛰어나다고 하더라도, 실제 현장을 확인하지 않고서는 중요한 투자 요소를 놓칠 수 있습니다. 현장 점검은 건물의 상태, 상권의 활성화 정도, 그리고 입지 조건 등을 종합적으로 파악하는 필수 과정입니다.

투자 전 임장을 통해 현장을 직접 확인함으로써 온라인 정보나 분석만으로는 알 수 없는 구체적인 사항들을 파악할 수 있습니다. 적

정 가격을 가치판정 분석표로 검토하고, 수익률 분석표로 안정적인 수익률을 확인한 후에는, 마지막으로 임장에 나서서 실제 상황을 점검해야 합니다.

현장에서는 건물의 노후 상태, 주변 교통 흐름, 유동 인구 등 직접 확인하지 않으면 놓칠 수 있는 중요한 요소들을 눈으로 확인할 수 있습니다. 이 과정에서 매물의 숨은 가치를 발견할 수도 있고, 반대로 리스크를 미리 파악해 피할 수도 있습니다. 꼼꼼한 현장 점검은 건물의 실질적인 가치와 상권의 성장 가능성을 확인하는 데 중요한 역할을 하므로, 절대 간과해서는 안 될 중요한 마지막 단계입니다.

7장

성공적인
꼬마빌딩 투자의
마무리 전략

부동산 고수가 전하는
실전 협상 기술!

부동산 거래는 단순히 가격을 주고받는 거래가 아닙니다. 부동산 거래는 수많은 변수와 이해관계가 얽힌 복잡한 과정으로 매수자, 매도자, 그리고 중개인 모두가 각자의 목표와 이익을 최우선으로 두고 거래에 임하게 됩니다.

특히, 부동산 거래에는 수억 원, 심지어 수백억 원에 달하는 거액이 오가는 만큼, 협상에서 작은 실수 하나가 원하는 조건을 얻지 못하거나 거래가 무산되는 상황을 초래할 수 있습니다. 이러한 리스크를 줄이기 위해서는 협상의 기술이 필수적입니다.

협상 기술이란 단순히 가격을 낮추는 것이 아니라, 상대방의 상황과 동기를 이해하고 이를 바탕으로 자신에게 유리한 조건을 이끌어내는 능력을 말합니다. 매수자는 매도자의 재정적 필요나 시장 변동에 대한 불안을 읽어내어 유리한 조건을 얻을 수 있고, 매도자역시 매수자의 투자 목적을 이해하면 거래를 신속하게 성사시킬 수 있습니다.

그렇다면 성공적인 거래를 위한 부동산 고수의 협상 기술은 무엇일까요?

① 부동산 중개인에게 확신 주기

부동산 중개인은 거래에서 핵심적인 역할을 담당합니다. 특히, 상업용 부동산 시장은 주택용 부동산 시장에 비해 상대적으로 폐쇄적인 특성을 지니고 있습니다. 따라서 매물 정보가 서로 공유되지않고 독점적으로 관리되는 경우가 많습니다. 이러한 구조 속에서 중개인들은 우량 매물을 최대한 노출시키지 않고, 실질적인 구매 의향이 있는 고객에게만 정보를 제공합니다.

이러한 상황에서 성공적인 거래를 이끌어내기 위해서는 중개인에게 확신을 주는 것이 중요합니다. 매수자가 단순히 탐색하는 것이 아니라 실제로 꼬마빌딩을 살 의향이 있는 진지한 고객임을 중개인에게 전달해야 합니다. 이러한 확신이 형성되면, 중개인은 더 좋은 매물을 먼저 제공하고 매도자와의 협상에서도 보다 적극적으로 매수자의 이익을 대변할 가능성이 높아집니다.

② 중개수수료 깎지 않기

상업용 부동산 거래에서 중개수수료는 무시할 수 없는 큰 금액입니다. 일반적으로 거래 금액의 0.9퍼센트가 중개수수료로 부과되며, 이는 주택 거래보다 높은 수준입니다. 그럼에도 불구하고 수수료를 깎으려는 시도는 거래 과정에 부정적인 영향을 미칠 수 있습니다. 중개수수료를 절감하기보다 중개인이 매도자와의 협상을 성공적으로 이끌어내도록 유도하는 것이 더 중요한 전략입니다.

예를 들어, 건물에 누수나 하자가 있는 경우 중개인을 통해 매매가를 조정할 수 있습니다. 또한 네고된 금액의 일부를 중개수수료로 추가 지급하겠다고 제안하면, 중개인은 매수자를 위해 더욱 적극적으로 협상에 임할 가능성이 큽니다. 꼬마빌딩 거래는 금액이 크기 때문에 수수료를 아끼는 것보다는 매매가를 조정하는 방식이 전체적인 이익 극대화에 더 유리합니다.

가끔 중개수수료를 조금이라도 줄이려다 중개인과 갈등을 겪는 경우가 있는데, 큰 거래에서는 작은 비용에 연연하기보다는 전략적으로 접근하는 것이 현명합니다.

③ 매도인의 니즈 파악하기

협상 기술은 단순히 가격을 낮추는 것 이상의 복합적인 능력입니다. 상대방의 상황과 동기를 이해하고, 이를 활용해 자신에게 유리한 조건을 이끌어내는 것이 핵심입니다.

예를 들어, 꼬마빌딩 매도자가 꼬마빌딩을 매도하려는 이유를 파악한다면, 매수자는 유리한 조건을 제시하여 협상에서 우위를 점할 수 있습니다. 마찬가지로 매도자도 매수자의 투자 목적과 시기를 이해하면 더 신속하고 효율적인 거래를 성사시킬 수 있습니다.

특히, 꼬마빌딩 매도자의 상황을 이해하는 것은 협상에 있어 매우 중요한 역할을 합니다. 예를 들어, 다자녀 상속 물건인 경우 상속인들이 갈등을 피하고 빠르게 자산을 분배하려 할 가능성이 있습니다. 이들의 주요 관심사는 높은 매매가보다 신속한 거래일 수 있으므로, 매수자는 빠른 잔금 지급을 제안하며 매매가를 낮추는 협상을 시도할 수 있습니다.

매도자가 시간적 압박을 느끼고 있다면 가격 협상의 여지가 더 커집니다. 따라서 협상 과정에서 상대방의 동기를 읽고, 그에 맞는 전략을 세우는 것이 효과적인 협상 기술의 핵심입니다.

④ 매도인의 재정 상태 확인하기

꼬마빌딩 매도인의 재정 상태를 파악하는 것도 협상에서 중요한 역할을 합니다. 등기부등본을 통해 근저당권 설정 여부와 그 금액을 확인하면 매도자가 현재 어떤 대출을 가지고 있는지, 재정적으로 어려운 상황에 놓여 있는지를 추측할 수 있습니다. 만약 매도자가 큰 대출을 안고 있다면, 자금 압박을 받으며 매각을 서두를 가능성이 커지기 때문에 협상에서 더 유리한 조건을 이끌어낼 기회가 생깁니다.

또한 임대수익률과 대출이자를 비교하는 것은 매도자의 현금 흐름 상태를 파악하는 또 다른 방법입니다. 공실률이 높고 수익률이 낮다면, 매도자는 매물을 빠르게 처분해 손실을 줄이려 할 수 있습니다. 이러한 상황에서 매수자는 매도자의 재정적 부담을 이용해 가격 협상에서 유리한 조건을 제시할 수 있습니다.

결국 협상은 꼬마빌딩 투자에서 성공 여부를 결정짓는 중요한 요소입니다. 매도자의 재정 상태와 매각 동기를 정확히 파악하고, 이를 바탕으로 전략적으로 협상하는 것이 핵심입니다. 부동산 중개인을 적절히 활용하고, 상대방의 입장을 이해하며 협상에 임하면 더 유리한 조건을 이끌어낼 수 있습니다. 철저한 준비와 상대방에 대한 깊은 이해가 성공적인 투자와 안정적인 수익을 보장하는 열쇠입니다.

안전한 거래를 위한
필수 서류 가이드!

꼬마빌딩 매수 계약을 진행하기에 앞서, 몇 가지 중요한 서류를 철저히 검토하는 것이 필수적입니다. 이를 통해 불필요한 법적 분쟁이나 재정적 리스크를 예방하고, 계약의 안전성을 확보할 수 있습니다.

단순히 계약서만 의지하기보다는 사전에 필요한 서류들을 찾아보고 면밀히 검토하여 매물의 상태를 더욱 명확하게 이해하는 것이 중요합니다. 다음은 매수 계약 전에 반드시 확인해야 할 핵심 서류들입니다.

① 등기부등본

등기부등본은 건물이나 토지의 소유권과 권리관계를 확인할 수 있는 공식 문서입니다. 쉽게 말해, 이 문서를 통해 누가 건물의 주인인지와 그 건물에 빚이나 저당권이 설정되어 있는지를 파악할 수 있습니다. 즉, 등기부등본을 보면 해당 부동산의 지번, 지목, 구조, 면적 등의 기본적인 정보뿐만 아니라 소유권, 저당권, 전세권, 가압류 등의 권리설정 여부를 한눈에 확인할 수 있습니다.

▲ 대법원 인터넷등기소

부동산 등기부는 토지 등기부와 건물 등기부로 나뉘어 있으며, 등기부등본은 대법원 인터넷등기소에서 소정의 수수료를 납부하고 누구나 열람 및 발급할 수 있습니다.

등기부등본은 부동산 거래의 안정성을 확인하는데 매우 중요한 서류로, 표제부, 갑구, 을구 등의 항목으로 구분됩니다. 이는 매수 계약을 체결하기 전에 반드시 확인해야 할 문서입니다.

- **표제부** : 표제부에는 부동산의 소재지, 용도, 면적, 구조 등의 기본 정보가 기재되어 있으며 토지의 경우에는 지번, 지목, 면적 등의 정보가, 건물의 경우에는 소재지, 지번, 층수, 구조, 용도 등이 포함됩니다.

  표제부의 정보를 확인함으로써 내가 계약하려는 건물이 맞는지 주소 확인 절차를 진행합니다.

- **갑구** : 갑구는 소유권과 관련된 사항을 기록하는 곳으로, 접수된 날짜순으로 모든 권리 관계가 명시됩니다. 여기에는 순위번호, 등기 목적, 접수일 등이 포함되며, 이를 통해 소유권 변동 내역을 확인할 수 있습니다.

  갑구에 기록된 정보 중에는 가등기, 가처분, 예고등기, 가압류 등의 권리 관계도 포함되므로, 이를 꼼꼼히 살펴봐야 합니다. 만약 가등기나 가압류가 있다면, 소유권 분쟁의 가능성이 있

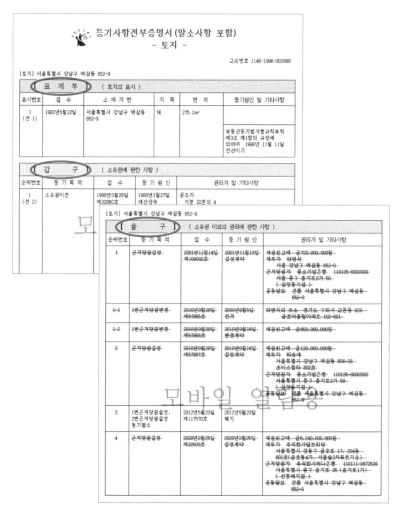

▲ 등기부등본 샘플

으므로 주의가 필요합니다. 또한 해당 부동산이 공동 소유일 경우, 갑구에 '공유자'로 기재되며, 이 경우 모든 공유자의 동의가 있어야 매매가 가능합니다.

등기 순서는 권리의 우선순위를 의미하므로, 이를 통해 어떤 권리가 먼저 보호받는지를 파악할 수 있습니다. 갑구에서는 특히, 소유자가 실제 매매 계약을 체결하는 당사자인지 확인하는 것이 중요합니다.

- 을구 : 을구는 등기부등본에서 소유권 이외의 권리가 기록되는 부분입니다. 주로 저당권, 전세권, 지상권, 지역권 등의 권리가 등재됩니다. 이곳에서는 해당 부동산이 담보로 제공되었는지 여부를 확인할 수 있으며, 이를 통해 부동산에 걸린 채무 상태를 파악할 수 있습니다.

특히, 저당권은 부동산을 담보로 대출을 받았을 때 설정되는 권리로, 채무 불이행 시 채권자가 부동산을 경매로 넘길 수 있는 권한을 가집니다. 이때 기록된 채권최고액은 대출 원금과 이자를 포함한 최대 회수 금액을 의미하며, 실제 대출 금액의 120퍼센트 정도로 설정되는 경우가 많습니다. 예를 들어, 채권최고액이 1억 2천만 원으로 기재되어 있으면, 실제 대출 금액은 약 1억 원일 가능성이 큽니다.

을구에는 저당권 외에도 전세권이나 지상권 등의 권리가 있을 수 있습니다. 전세권은 전세 임차인이 부동산을 사용할 수 있는 권리를, 지상권은 토지 위에 건물을 세우거나 이용할 수 있는 권리를 의미합니다. 따라서 을구에서 기록된 권리들은 매매 계약 시 반드시 확인해야 하며, 이를 통해 부동산에 대한 법적 상태와 재정적 부담을 정확히 파악할 수 있습니다.

② 건축물대장

건축물대장은 건물의 현황을 정확하고 상세하게 기록한 공적 서류로 정부24에서 발급이 가능합니다.

▲ 정부24 건축물대장

건축물대장은 건물의 위치, 면적, 구조 등 건축물에 대한 다양한 정보가 기재되어 있습니다. 또한 건물의 소유자 정보(성명, 주소, 지분 등)와 함께 신축부터 멸실까지의 모든 이력이 포함되어 있어, 건축물의 특성과 안전성을 파악하는 데 중요한 자료로 활용됩니다.

① **면적** : 건축물이 지어진 땅의 전체 면적

② **연면적** : 건물 각 층의 바닥 면적을 모두 합친 면적

③ **지역** : 해당 건물이 위치한 지역의 도시계획 용도
   예시) 주거지역, 상업지역, 공업지역 등

④ **건축면적** : 건축물의 바닥 면적

⑤ **건폐율** : 대지면적에 대한 건축면적의 비율

⑥ **용적률** : 대지면적에 대한 연면적의 비율

⑦ **건축물현황** : 건축물의 현재 상태에 대한 정보
   예시) 건물의 용도, 구조, 층수, 지붕 형태 등

⑧ **변동사항** : 건축물과 관련된 과거의 변경 사항
   예시) 신축, 증축, 대수선 등 건물에 대한 주요 변동 내역 및 불법 건축물이 있다면 이 항목에 변동 내용과 원인이 기재됨

일반건축물대장(갑)

(3쪽 중 제 1쪽)

건물ID	2120041140012171	고유번호	1141011600-1-00310015	명칭		호수/가구수/세대수	0호/0가구/0세대

대지위치	서울특별시 서대문구 창천동		지번	31-15 외 1필지	도로명주소		서울특별시 서대문구 연세로 3길 (창천동)
※대지면적 ① 162.8 ㎡	연면적 ② 416.09 ㎡		※지역 ③ 일반주거지역		※지구 2종미관지구 외 1		※구역
건축면적 ④ 96.76 ㎡	용적률 산정용 연면적		주구조 철근콘크리트조		주용도 근린생활시설		층수 지하: 1층, 지상: 4층
※건폐율 ⑤ 59.43 %	※용적률 ⑥ 235.36 %		높이 16.35 m		지붕 평스라브		부속건축물
※조경면적 ㎡	※공개 공지/공간 면적 ㎡		※건축선 후퇴면적 ㎡		※건축선 후퇴거리		m

⑦			건축물 현황			소유자 현황			
구분	층별	구조	용도	면적(㎡)	성명(명칭) 주민(법인)등록번호 (부동산등기용등록번호)	주소	소유권 지분	변동일 변동원인
주1	지하1층	철근콘크리트조	근린생활시설 (소매점)	111.90	주식회사대한엔에셋 134811-0*****	경기도 오산시 남부대로4번길 17 (고현동)	1/1	2022.3.30. 소유권이전
주1	1층	철근콘크리트조	근린생활시설	41.79				
주1	1층	철근콘크리트조	주차장	25.89				
주1	2층	철근콘크리트조	근린생활시설 (소매점)	96.06				

이 등(초)본은 건축물대장의 원본 내용과 틀림없음을 증명합니다.

(3쪽 중 제 2쪽)

대지위치	서울특별시 서대문구 창천동		명칭		호수/가구수/세대수	0호/0가구/0세대
지번	31-15 외 1필지	지번 관련 주소		도로명주소 31-16	도로명주소 관련 주소	서울특별시 서대문구 연세로 3길 (창천동)

구분	성명 또는 명칭	면허(등록)번호		※주차장				승강기		인허가 시기	
			구분	옥내	옥외	인근	면제	승용	비상용	허가일	1996.6.5.
건축주	강규영		자주식	2대 25.89 ㎡	대 ㎡	대 ㎡		※급수설비(저수조)		착공일	1996.9.16.
설계자	신원건축 권상문							※하수처리시설	수량 및 총용량		
공사감리자	신원건축 권상문		기계식	대 ㎡	대 ㎡	대 ㎡	2대	형식 콘크리트각형정화조	지상 계	사용승인일	1997.1.25.
공사시공자 (현장관리인)	강규영		전기차	대 ㎡	대 ㎡	대 ㎡		용량 15인용	지하 계		

※건축물 인증 현황				건축물 구조 현황		건축물 관리 현황	
인증명	유효기간	성능	내진설계 적용여부		내진능력	관리계획 수립 여부	
			비적용				
			특수구조 건축물		지하수위	건축물 관리점검 현황	
			미해당		G.L m	종류	점검유효기간
			기초형식		구조설계 해석법		

⑧	변동사항					그 밖의 기재사항
변동일	변동내용 및 원인		변동일	변동내용 및 원인		지구: 도시설계지구
2011.4.13	건축물대장 기초자료 정비에 의거 (층별개요 : 지상 -> '지하1층') 직권변경			화 적용대9에 기준 주차장 4층 중 2전(옥외)2 면제처리(2014.1.20)		
2014.1.22	건축과-17100(2014.01.22)호에 의거 신촌지구단위계획결정 (변경)제2013-314호(2013.9.26)의거 주차장 설치기준					

▲ 건축물대장 샘플

또한 건축물대장은 불법 건축물 여부를 확인할 때 필수적입니다. 불법 건축물로 적발된 경우에는 건축물대장 첫 페이지에 노란색으로 '위반건축물'이라고 표시가 됩니다. 하지만 적발되지 않은 불법 건축물은 이러한 표시가 없을 수 있으므로, 단순히 건축물대장만 보고 불법 건축물 여부를 100퍼센트 확인하기 어렵습니다. 따라서 현장답사를 통해 건물의 실제 물리적인 구조와 건축물대장의 기재 내용을 비교하여, 불법 개조 여부를 직접 확인하는 것이 필수적입니다.

불법 건축물은 현재 소유자가 매년 최대 두 차례까지 이행강제금을 납부해야 하며, 시정이 이루어질 때까지 계속 부과됩니다. 주로 건물의 개조를 주변에서 신고하여 적발되는 경우가 많습니다. 예를 들어, 주차장을 개조해 상업용으로 사용하다가 인근 상가의 신고로 불법 건축물로 등록되는 경우가 있습니다.

불법 건축물은 대출한도에도 영향을 미칠 수 있으므로 매수 계약을 체결하기 전에 반드시 확인해야 합니다. 일부 소유자는 이행강제금보다 임대수익이 더 크다고 판단하여 이행강제금을 납부하면서도 불법 건축물을 유지하기도 합니다. 그러나 꼬마빌딩을 매수

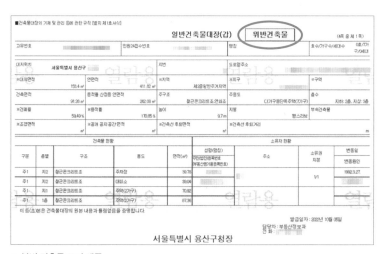

▲ 불법 건축물 표기 샘플

할 때는 이러한 리스크를 확인하고 신중히 고려해서 판단해야 합니다.

마지막으로 등기부등본과 건축물대장의 정보가 상충할 경우, 면적, 용도, 지번 등 물리적 특성은 건축물대장을 기준으로 확인하고, 소유권에 관한 사항은 등기부등본을 우선하여 확인하는 것이 좋습니다.

③ 토지대장

토지대장은 토지의 현황과 소유권에 관한 정보를 기록한 공적서류로 정부24에서 발급이 가능합니다.

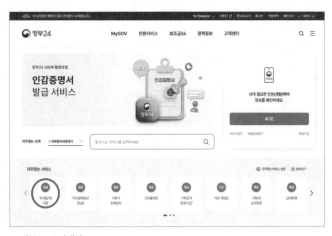

▲ 정부24 토지대장

토지대장은 토지의 상황을 명확히 하기 위해 만들어졌으며 아래의 내용들이 기재되어 있습니다.

① **토지소재 및 지번** : 토지가 위치한 주소

② **지목, 면적** : 토지의 용도를 전, 답, 대지 등으로 구분

③ **변동일자, 원인 소유자** : 소유권 변동 등 중요한 변경 사항이 발생한 일자

④ **토지등급** : 토지의 용도와 가치를 나타내는 등급

⑤ **개별공시지가** : 토지의 단위면적당 가격을 공시하는 가격 정보

토지대장 또한 토지 등기부등본과 일치하는지 반드시 확인해야 합니다. 두 서류의 내용이 다를 경우에는 소유권과 권리 관계는 등기부등본을 기준으로 판단하고, 토지의 물리적 특성은 토지대장을 우선으로 참조하는 것이 일반적입니다. 간혹 실제 측량을 하지 않아 토지의 실제 면적과 장부상의 면적이 다른 경우가 종종 발생할 수 있으므로, 매매 계약 전에 이러한 차이를 반드시 확인하는 것이 중요합니다.

①	고유번호	1168010100-10632-0009			토지 대장			도면번호	43	발급번호	202411680-00530-0179
	토지소재	서울특별시 강남구 역삼동						장 번 호	1-1	처리시각	09시 54분 11초
	지 번	632-9	축 척	수치				비 고		발 급 자	인터넷민원

		토 지 표 시			소 유 자		

②	지 목	면 적(㎡)	사 유	③	변 동 일 자 변 동 원 인	성명 또는 명칭	등 록 번 호
						주 소	
	(08) 대	+657.8*	(20) 1987년 08월 06일 분할되어 본번에 -19을 부함		2006년 07월 28일 (03)소유권이전	서울 강남구 삼성동 66-1 실포니하우스 601호 박은관	550321-1******
			--- 이하 여백 ---		--- 이하 여백 ---		

④	등 급 수 정 년 월 일		1985. 07. 01. 수정	1989. 01. 01. 수정	1990. 01. 01. 수정	1991. 01. 01. 수정	1992. 01. 01. 수정	1993. 01. 01. 수정	1994. 01. 01. 수정	1995. 01. 01. 수정
	토 지 등 급 (기준수확량등급)		203	206	220	225	230	233	235	237
⑤	개별공시지가기준일	2018년 01월 01일	2019년 01월 01일	2020년 01월 01일	2021년 01월 01일	2022년 01월 01일	2023년 01월 01일	2024년 01월 01일		용도지역 등
	개별공시지가(원/㎡)	4471000	5023000	5170000	6711000	7748000	7519000	7748000		

토지대장에 의하여 작성한 등본입니다.

2024년 10월 10일

서울특별시 강남구청장

▲ 토지대장 샘플

2
3
6

④ 토지이용계획

토지이용계획은 토지를 개발하고 관리하는 데 필수적인 문서로 토지의 용도와 관련된 다양한 정보가 제공되며, 정부24 및 토지이음에서 확인할 수 있습니다.

▲ 토지이음 토지이용계획

토지이용계획은 토지이용기본법에 근거하여, 토지의 위치, 모양, 경계선, 용도, 규제사항 등을 확인할 수 있는 중요한 문서입니다. 이를 통해 토지의 개발 가능성을 평가하고, 적절한 개발 방향을 설정할 수 있습니다.

특히, 부동산 개발을 추진할 때는 토지이용계획에 명시된 규제사항과 허가 가능한 용도를 확인해야만, 미래 활동을 예측하고 합리적인 계획을 수립할 수 있습니다. 매수하려는 꼬마빌딩이 재건축이나 신축을 필요로 할 경우, 이러한 분석은 개발 가능성을 미리 파악하고 법적 리스크를 최소화하는 데 결정적인 역할을 할 수 있습니다.

▲ 토지이용계획 샘플

잔금 전 최종 체크,
놓치면 안되는 확인 리스트!

꼬마빌딩 매입 과정에서 잔금을 치르기 전에 마지막으로 확인해야 할 중요한 사항들이 있습니다. 계약이 거의 마무리되었다고 해서 모든 것이 끝난 것은 아닙니다. 사전에 꼼꼼히 점검해야 할 사항들을 놓치면 법적, 재정적 리스크로 인해 큰 손실을 입을 수 있기 때문입니다.

부동산 거래는 큰 금액이 오가는 만큼, 특히 잔금 지급 직전에는 더욱 신중하고 철저한 점검이 필요합니다. 다음은 잔금 지급 전에 반드시 확인해야 할 주요 사항들입니다.

① 대출 : 대출 조건 재확인

매매 계약 이전에 탁상 감정으로 산정된 대출한도와 금리는 본 계약이 진행되면서 정식 감정 결과에 따라 변동될 수 있습니다. 따라서 잔금을 지급하기 전에 최종 대출한도와 금리를 반드시 다시 확인하고, 자금 계획에 차질이 없도록 점검해야 합니다.

자금 계획에 차질이 발생하면 계약이 지연되거나 위약금이 발생할 수 있으므로, 여러 은행의 대출 조건을 비교하여 가장 유리한 조건을 선택하는 것이 좋습니다. 대출 신청부터 자금 집행까지는 보통 2~3주가 소요되므로, 자금 계획을 세울 때 이 기간을 고려해야 합니다.

② 법무사 선임 : 법적 요구사항 및 서류 검토

잔금 지급과 함께 소유권 이전 등기를 해야 하며, 이 과정에서 법무사는 매우 중요한 역할을 합니다. 법무사는 매매 계약서의 법적 요구사항을 검토하고, 등기 절차를 원활히 처리하며, 법적 분쟁을 예방할 수 있도록 돕습니다.

법무사를 선임하면 대출 절차를 포함해 거래 전반을 안전하게 마무리할 수 있으며, 등기 과정에서 발생할 수 있는 문제를 미리 방지

할 수 있습니다.

③ 꼬마빌딩 상태 점검 : 건물 내외부의 상태 및 하자 확인

매수하려는 꼬마빌딩의 구조적 상태와 내외부 시설을 철저히 점검해야 합니다. 오래된 건물의 경우에는 누수나 하자 문제 등이 발생할 가능성이 있으므로, 매도자가 방수 공사와 하자 수리를 제대로 했는지 확인해야 합니다. 이를 통해 추가적인 수리 비용을 방지하고 건물의 가치를 정확히 평가할 수 있습니다.

④ 명도 및 임대차 확인 : 임대차 계약 및 상태 점검

현재 꼬마빌딩을 임대 중인 임차인의 유무와 임대차 조건을 철저히 확인하는 것은 매우 중요합니다. 임차인의 임차 기간, 임대료, 보증금 등 주요 조건들이 매매 후에도 유효한지, 그리고 이전 계약 조건과 일치하는지를 반드시 점검해야 합니다.

특히, 임차인의 계약 기간이 얼마 남지 않았다면, 계약이 종료된 후에도 임차인이 건물을 인도하지 않고 계속 점유하는 상황이 발생할 수 있으므로, 이러한 리스크를 미리 파악하는 것이 필수적입니다.

명도 절차와 관련된 사항도 잔금 지급 전에 명확히 해야 합니다. 만약 매도자가 임차인과의 명도 절차를 제대로 이행하지 않은 상태에서 잔금을 치르면, 매수자가 임차인과 직접 협상하거나 법적 절차를 통해 명도를 받아야 하는 상황이 발생할 수 있습니다.

이로 인해 매수자는 건물을 즉시 사용하지 못하는 불이익을 겪을 수 있기 때문에 매도자와 명도 조건을 명확히 협의하고, 잔금 지급 전까지 모든 명도 절차가 완료되었는지를 반드시 확인해야 합니다.

⑤ 소방안전관리자 : 소방안전 관리 및 교육

꼬마빌딩이 고시원, 노래방, 모텔 등 다중이용업소로 사용되는 경우에는 소방안전관리자를 선임하고 소방안전교육을 이수해야 합니다. 소방안전교육은 필수로 이수해야 하는 보수 교육으로 2년 주기로 재교육이 필요합니다. 또한 빌딩의 규모와 용도에 따라 소방안전관리자는 1급, 2급, 3급으로 구분되며, 각 등급에 따라 책임과 역할이 달라집니다.

건물주는 소방안전관리 자격증을 직접 취득하거나 소방업체에 위임할 수 있으며, 만약 소방업체에 업무를 맡기더라도 건물주는 반드시 업무대행 감독자 교육을 받아야 합니다.

⑥ 의무보험 : 다중이용업소 화재배상 책임보험

꼬마빌딩이 다중이용업소로 사용되는 경우에는 화재나 폭발로 인한 생명, 신체, 재산상의 피해를 보상하기 위해 화재배상 책임보험에 의무적으로 가입해야 합니다. 이 보험은 다중이용시설에서 발생할 수 있는 사고로부터 타인의 피해를 보상하는 필수 보험입니다.

보험 가입 여부는 관할 소방서에 문의하여 일련번호와 MU로 시작하는 필수 정보를 확인해야 합니다. 영업 신규 신고나 지위 승계 신고가 완료된 날로부터 30일 이내에 보험에 가입해야 하며, 미가입 시 10만 원에서 300만 원까지의 과태료가 부과될 수 있으므로 반드시 기한 내에 처리해야 합니다.

소유권 이전 등기,
필수 서류 총정리!

소유권 이전 등기는 매수자가 법적으로 부동산의 완전한 소유권을 얻는 중요한 단계입니다. 매매 계약과 잔금 지급이 끝났다고 하더라도 소유권 이전 등기를 정확히 마치지 않으면 법적으로 소유권이 인정되지 않을 수 있습니다. 따라서 등기 과정에서 필요한 서류와 절차를 꼼꼼하게 확인하는 것이 매우 중요합니다.

특히, 잔금 지급 전에 등기부등본을 재확인하고 변동 사항이 없는지, 근저당이나 가압류 등이 제대로 말소되었는지 확인해야 합니다. 또한 잔금 지급은 가능하면 오전에 완료하여 등기 절차를 원활하게 진행할 수 있는 시간을 확보하는 것이 좋습니다.

아래에 소개된 체크리스트를 통해 소유권 이전 등기 과정에서 빠뜨린 부분이 없는지 확인하며, 법적 절차를 완벽하게 준비해야 합니다.

▼ 소유권 이전 등기 준비 리스트

	준비리스트	비고
매수인	신분증, 도장, 주민등록등본, 계약서	잔금 정산 1.임대료,관리비,공과금정산내역 2.보증금 3.담보채권액확인 4.건물부가가치세지급 　(사업체 양도양수시 제외)
매도인	**개인**	
	1.임대료,관리비,공과금정산내역	
	2.보증금	
	3.담보채권액확인	
	4.건물부가가치세지급	
	(사업체 양도양수시 제외)	
	6. 기타(건물도면, 열쇠)	
	법인	
	1.임대료,관리비,공과금정산내역	
	2.보증금	
	3.담보채권액확인	
	4.건물부가가치세지급	
	(사업체 양도양수시 제외)	

부가세 처리에서 놓치면 안되는
핵심 포인트!

상업용 부동산 거래에서 가장 중요한 세금 중 하나가 부가가치세
(VAT)입니다. 특히, 거래 금액이 큰 꼬마빌딩의 경우, 부가가치세
를 비롯한 다양한 세금을 정확히 이해하고 관리하는 것이 필수적
입니다. 부가가치세는 법적, 세무적 측면에서 복잡한 규정을 포함
하고 있어 초보자들에게는 다소 어려울 수 있습니다.

상업용 부동산 거래는 단순한 매매가 아니라 사업 자산의 양도라
는 성격이 있기 때문에, 부가가치세 처리에 세심한 주의가 필요합
니다. 이 과정에서 잘못 처리하면 불필요한 세금을 더 내거나 환급

받을 기회를 놓칠 수 있습니다. 따라서 사전에 철저한 세무 계획이 필요하며, 거래 전에 부가가치세 관련 규정을 정확히 이해하는 것이 필수적입니다.

상업용 부동산 거래 시에 부가가치세 처리와 관련하여 유의해야 할 주요 사항은 다음과 같습니다.

① 부가가치세의 부과 대상

상가, 오피스텔, 사무실 등과 같은 상업용 부동산은 사업자가 보유한 자산으로, 이 경우 부가가치세는 건물 부분에만 부과됩니다. 여기서 중요한 사항은 토지는 부가가치세 면제 대상이라는 것입니다. 따라서 상업용 부동산을 거래할 때는 건물에는 10퍼센트의 부가가치세가 부과되지만, 토지에 대해서는 부가가치세가 면제됩니다.

② 세금계산서 발행 및 세금 납부

부동산을 매도하는 사람(양도인)은 건물에 부과된 부가가치세를 받아 세금계산서를 발행하고, 이를 세무서에 신고하고 납부할 의무가 있습니다. 부동산을 매수하는 사람(양수인)은 이 과정에서 납부한 부가가치세를 환급받을 수 있는데, 이는 양수인이 사업자로

서 해당 부동산을 사업에 사용하게 될 경우 적용됩니다. 이 경우 양수인은 부가가치세를 납부한 후, 환급 절차를 통해 그 금액을 돌려 받게 됩니다.

③ 포괄양도양수 조건

포괄양도양수라는 제도를 통해 부가가치세를 납부하지 않을 수도 있습니다. 이 제도는 부동산을 포함한 사업 전체를 양도할 때, 일정한 조건을 충족하면 부가가치세를 납부하지 않고 거래를 진행할 수 있는 제도입니다.

이 방식은 단순히 부동산만을 매매하는 것이 아니라, 사업에 필요한 인적, 물적 자산을 모두 승계할 때 적용됩니다. 포괄양도양수가 적용되기 위해서는 다음과 같은 조건을 만족해야 합니다.

- **업종의 동일성** : 사업 업종을 그대로 유지하면서 사업체 전체를 양도해야 합니다. 예를 들어, 매도인이 임대업을 하고 있다면 매수인도 해당 건물을 임대업으로 사용해야 하며, 기존 임차인들을 그대로 승계해야 합니다. 사업 업종이 변경되거나 임차인이 승계되지 않는 경우에는 포괄양도양수 조건을 충족할

수 없습니다.

- **과세유형의 일치** : 매수인과 매도인이 모두 일반과세자여야 합니다. 만약 매수인이 간이과세자거나 면세사업자인 경우에는 포괄양도양수가 성립하지 않습니다. 면세사업자에는 의료(미용 제외), 교육(학원) 등이 포함됩니다. 이 경우에는 부가가치세를 납부하거나 환급받을 수 없기 때문에 포괄양도양수 제도를 적용할 수 없습니다.

- **사업 전체 승계** : 단순히 부동산만 양도받는 것이 아니라, 사업과 관련된 모든 설비와 자산, 운영권까지 승계해야 포괄양도양수가 가능합니다. 이는 단순한 부동산 매매가 아닌 사업 전체의 인수인계로 간주되기 때문에 전체 사업의 양도가 이루어져야 합니다.

이와 같은 조건들이 충족되면 부가가치세를 별도로 납부하지 않고도 상업용 부동산 거래를 진행할 수 있으며, 양수인은 복잡한 부가가치세 환급 절차를 거치지 않아도 됩니다. 이를 통해 거래 과정이 더욱 간소화되고, 법적·세무적 부담이 줄어들어 보다 원활한 거래가 가능합니다.

부록 1

꼬마빌딩에 투자할까?
지방 대형빌딩에 투자할까?

꼬마빌딩 투자에 관심을 가지고 계신 분들이 궁금해하시는 것 중 하나가 '만약 100억 원의 투자금이 있다면 강남 꼬마빌딩에 투자할까? 지방 대형빌딩에 투자할까?'입니다. 두 투자 대상은 각자의 장단점이 있기에 고민이 되는 것입니다.

강남의 꼬마빌딩은 땅의 가치가 오르는 대표적인 시세차익형 투자에 해당됩니다. 반면, 지방의 대형빌딩은 매달 안정적인 임대수익을 올릴 수 있는 임대수익형 투자에 해당될 것입니다.

만약 우리가 100억 원의 투자금으로 상업용 부동산에 투자를 고려하고 있다면, 어떤 건물에 투자하는 것이 좋을까요? 제 관점에서 한번 분석해보겠습니다.

실질적인 분석을 위해 시장에 나와있는 매매가 100억 원의 실매물을 다음의 비교 조건으로 찾아보았습니다.

- **공시지가 상승률** : 10년 100퍼센트, 연 10퍼센트 상승
- **건물가치 하락률** : 40년 100퍼센트, 연 2.5퍼센트 하락
- **연간 임대수익률** : 강남 꼬마빌딩 1.5퍼센트, 지방 대형빌딩 4.5퍼센트

이렇게 찾은 강남의 꼬마빌딩은 연면적 200평의 꼬마빌딩으로 토지의 가치는 90억 원이고 건물의 가치는 10억 원 정도를 합니다. 반면, 지방의 대형빌딩은 연면적이 1,500평 정도의 대형빌딩으로 토지의 가치는 25억 원이고 건물의 가치는 75억 원 정도하는 매물이었습니다.

강남 꼬마빌딩 5년식			
	면적	평단가	가격
토지	100평	9천만 원	90억 원
건물	200평	5백만 원	10억 원

지방 대형빌딩 5년식			
	면적	평단가	가격
토지	250평	1천만 원	25억 원
건물	1,500평	5백만 원	75억 원

그럼 강남의 꼬마빌딩과 지방의 대형빌딩의 연간 가치상승률을 비교해보겠습니다.

앞서 비교 조건으로 삼았던 공시지가 상승률 연간 10퍼센트로 토지 가치를 계산하고 건물 가치 하락률 연간 2.5퍼센트로 부동산 가치를 계산하면, 강남의 꼬마빌딩은 매년 8억 7,000만 원 정도의 가치 상승이 발생하지만 지방의 대형빌딩은 매년 6,000만 원 정도의 가치 상승만 발생합니다.

	토지 가치 (1년 10퍼센트)	건물 가치 (1년 -2.5퍼센트)	부동산 가치
강남 꼬마빌딩	9억 원	- 2천 500만 원	8억 7,500만 원
지방 대형빌딩	2억 5,000만 원	-1천 875만 원	6천 250만 원

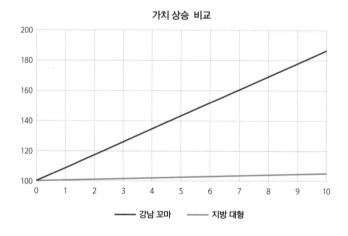

가치 상승 비교

우리는 여기서 강남 꼬마빌딩의 가치 상승이 월등하게 크다는 것을 알 수 있습니다. 앞서 언급했듯이 강남 꼬마빌딩은 대표적인 시세차익형 부동산이기 때문에 이와 같은 구조를 보이는 것입니다.

그렇다면 대표적인 임대수익형 부동산인 지방 대형빌딩의 임대료를 포함시킨다면 어떻게 변할까요?

강남의 꼬마빌딩은 매년 10억 원 정도의 가치 상승과 임대료가 발생하지만, 지방의 대형 빌딩은 높은 임대수익률을 반영해도 매년 4.6억 원 정도의 가치 상승과 임대료가 발생합니다.

	부동산 가치	연간 임대료	가치+임대료
강남 꼬마빌딩	8억 7,500만 원	1억 5,000만 원	10억 2,500만 원
지방 대형빌딩	6천 250만 원	4억 원	4억 6,250만 원

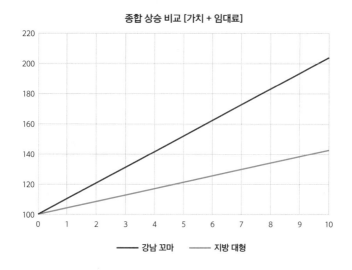

종합 상승 비교 [가치 + 임대료]

지금까지의 분석에서 봤듯이 지방 대형빌딩의 임대수익률 4퍼센트를 감안하더라도, 강남 꼬마빌딩의 가치 상승이 월등히 크다는 것을 알 수 있습니다. 저라면 저의 재정 상태와 여러 가지 문제를 감안했을 때 강남 꼬마빌딩에 투자할 것 같습니다.

하지만 반드시 고려해야 하는 것은 각자의 투자 성향과 재정 상태 등을 감안하여 적합한 결정을 해야 합니다.

강남의 꼬마빌딩은 시간이 지날수록 가치의 상승분이 클 것으로 예상되지만, 요즘 같은 고금리 시대에는 임대수익으로 대출이자를 감당하기 어려울 수도 있습니다. 반면, 지방의 대형빌딩은 시세차익에 대한 상승분은 적으나 임대수익률이 좋기 때문에 안정적인 임대수익을 올릴 수 있습니다. 임대수익으로 안정적인 노후생활을 꿈꾸는 은퇴자에게는 어쩌면 적합한 투자 대상이 될 수 있죠.

꼬마빌딩과 같은 상업용 부동산에 투자할 때는 정답이 존재하지 않습니다. 다시 한번 강조하지만 각자의 투자 성향과 재정 상태, 투자목적 등을 고려하여 가장 적합한 투자 대상에 투자하는 것이 성공적인 투자로 이어지는 길이 될 것입니다.

부록 2

꼬마빌딩 건물주가 되기 위한
부동산 필수 용어 20

1. **대지면적** : 대지란 건물을 지을 수 있는 땅으로 대지면적은 땅의 바닥 면적을 뜻한다.

2. **연면적** : 대지 위에 지어지는 건축물 면적의 총합계로 건물의 층별 면적을 다 합친 면적이라고 볼 수 있다.

3. **건축면적** : 건축물의 외벽 또는 기둥의 중심선으로 둘러싸인 부분의 투영면적으로 보통 1층의 바닥 면적이 해당된다.

4. **용도지역** : 건물을 지을 때 대지의 용도로 크게 주거지, 상업지, 공업지로 나뉜다. 건물의 용도에 따라 지을 수 있는 건물의 크기와 형태가 다르며, 주로 꼬마빌딩은 일반주거지역이나 준주거지역에 많다.

5. **건폐율** : 대지면적에 대한 건축면적의 비율로 대지에 건축물을 얼마나 넓게 지을 수 있는지를 알 수 있다.

예를 들어, 대지 100평에 2종 일반주거지역의 건폐율 60퍼센트라고 하면 그 지상층에 올라가는 면적의 최대 바닥 면적이 60평이 된다.

6. **용적률** : 대지면적에 대한 연면적의 비율로 건물 연면적을 땅의 넓이로 나눈 비율이다. 즉, 건물을 신축할 때 몇 층까지 지을 수 있는지를 알려주는 지표로 용적률이 높을수록 높게 지을 수 있다.

서울시 건폐율, 용적률 조례 (지역마다 다름)

용도지역			서울시 조례	
구분	세분		건폐율	용적률
주거	전용	제1종	50퍼센트	100퍼센트
		제2종	40퍼센트	120퍼센트
	일반	제1종	60퍼센트	150퍼센트
		제2종	60퍼센트	200퍼센트
		제3종	50퍼센트	250퍼센트
	준주거		60퍼센트	400퍼센트
상업	근린상업		60퍼센트	1000퍼센트
	유통상업		60퍼센트	800퍼센트
	일반상업		60퍼센트	600퍼센트
	중심상업		60퍼센트	600퍼센트
공업	전용공업		60퍼센트	200퍼센트
	일반공업		60퍼센트	200퍼센트
	준공업		60퍼센트	400퍼센트
녹지	보전녹지		20퍼센트	50퍼센트
	생산녹지		20퍼센트	50퍼센트
	자연녹지		20퍼센트	50퍼센트

예를 들어, 대지 100평에 2종 일반주거지역의 용적률 200퍼센트라고 하면 지상층에 200퍼센트까지 올릴 수 있다. 참고로 용적률 계산 시 지하층과 주차장은 제외된다.

7. **과밀억제권역** : 수도권 내에서 인구 과밀을 방지하기 위해 정부가 개발을 제한하는 지역을 뜻한다. 이 지역에서는 대규모 개발이나 공장 설립 등이 제한되며, 주로 서울과 인천, 경기 일부 지역이 해당된다.

8. **공시지가** : 국토교통부에서 매년 1월 1일 부동산 가격을 평가해 공시하는 금액이다. 이는 부동산 관련 세금 부과, 보상금 산정, 개발 부담금 등의 기준이 된다.

9. **임대수익률** : 부동산을 임대했을 때 임대료 수익을 투자한 금액 대비 백분율로 나타낸 값이다.

- 임대수익률(퍼센트)=(연간 임대수익/투자 금액)×100

10. **공실률** : 건물에서 비어 있는 공간, 즉 임대되지 않은 비율을 의미한다.

11. **렌트프리(Rent Free)** : 임대 계약을 체결할 때 일정 기간 동안 임차인이 임대료를 내지 않아도 되는 혜택을 의미한다. 임대인이 임차인을 유치하기 위해 계약 초기 몇 개월 동안 임대료를

받지 않거나 할인해 주는 방식으로 혜택을 제공한다.

12. **리스백(Leaseback)** : 부동산이나 자산을 매각한 후, 매도자가 그 자산을 계속해서 사용하는 조건으로 매수자에게 임대료를 지불하는 계약방식이다.

13. **자기자본금** : 부동산 투자 시 대출 없이 본인이 직접 투자하는 자금을 뜻한다.

14. **근저당권** : 채권자가 채무자로부터 돈을 빌려주고, 이를 담보로 특정 부동산에 설정하는 권리이다. 근저당권은 채무자가 돈을 갚지 못할 경우, 채권자가 해당 부동산을 경매에 넘겨 채권을 회수할 수 있는 권리를 제공한다.

15. **채권최고액** : 채권최고액이란 근저당권을 설정할 때, 채무자가 채권자에게 빌린 원금 외에 이자, 비용 등을 포함한 최대 담보 범위를 설정한 금액이다.

16. **RTI(임대업 이자상환비율)** :임대수익으로 대출이자를 충분히 상환할 수 있는지를 나타내는 비율이다.

17. **레버리지(Leverage)** : 적은 자기 자본으로 더 큰 규모의 투자를 하기 위해 외부 자금을 차입하는 방식을 의미한다. 주로 대출을 통해 투자자금을 늘리는 방법을 말한다.

18. **권리금** : 상가나 영업장에서 영업권을 넘길 때 기존 임차인이 새로운 임차인에게 요구하는 금전적인 대가를 말한다. 영업을 통해 형성된 고객층, 상권에서의 위치, 사업 노하우 등에 대한 가치를 새로운 임차인에게 넘기는 데 대한 대가이다.

19. **부가가치세(VAT)** : 상업용 부동산 거래 시 건물 부분에만 부과되는 세금으로 토지에는 부과되지 않는다.

20. **일조권 사선제한** : 인접한 대지의 일조권을 보호하기 위해 건물 높이와 위치를 제한하는 건축 규제이다.

모두가 궁금했지만
아무도 묻지 못했던
부자를 향한 3개의 질문

"당신의 현재 자산은 얼마입니까?"

"처음 시작할 때 수중에 얼마가 있었습니까?"

"당신은 어떻게 부자가 되었습니까?"

죽은 원고도 살리는 업계 최고의
해결사가 취재한
총자산 2조 5,000억 원의 부자 25인의
일거수일투족.
낮에는 대기업을 다니는 평범한 생활인
이지만 밤에는 유명인들과 부자들의
책을 대필해주던 '유령작가'가
지금껏 한 번도 스스로를 드러내지 않은
'히든 리치'의 돈에 대한 철칙과
부의 축적 과정을
실시간으로 중계한다!

왜 잘나가던 주식 전문가는
사주 공부를 시작했을까?

돈과 운의 흐름을 내 것으로 만드는
내 운명 100% 사용설명서

내게 찾아올 최고의 기회를 100% 살리는 법

재테크에
성공하는 사람과
실패하는 사람의
차이
실력일까,
우연일까,
운명일까?

돈의 흐름을 내 것으로 만드는
운명 사용설명서

사주
재테크

똑같은 주식, 똑같은 부동산에 투자해도
누구는 돈을 벌고 누구는 돈을 잃는 이유는?

비타민하우스

강병욱 지음

국내 최초로 시도하는 명리학과 재테크의 융합

운의 흐름을 읽으면 재테크의 성패가 바뀐다!